BRUITS

DU MÊME AUTEUR

Analyse économique de la vie politique, PUF, 1973.
Modèles politiques, PUF, 1974.
L'Anti-économique (avec Marc Guillaume), PUF, 1975.
La Parole et l'Outil, PUF, 1976.
Bruits, PUF, 1977.
La Nouvelle Économie française, Flammarion, 1978.
L'Ordre cannibale, Grasset, 1979.
Les Trois Mondes, Fayard, 1981.
Histoire du Temps, Fayard, 1982.
La Figure de Fraser, Fayard, 1984.
Un homme d'influence, Fayard, 1985.
Au propre et au figuré, Fayard, 1988.
La Vie éternelle, roman, Fayard, 1989.
Lignes d'horizon, Fayard, 1990.
Le Premier Jour après moi, roman, Fayard, 1990.
1492, Fayard, 1991.
Verbatim I, Fayard, 1993.
Europe(s), Fayard, 1994.
Il viendra, roman, Fayard, 1994.
Économie de l'Apocalypse, Fayard, 1994.
Verbatim II, Fayard, 1995.
Verbatim III, Fayard, 1995.
Manuel, l'enfant-rêve (ill. par Philippe Druillet), Stock, 1995.
Chemins de sagesse, traité du labyrinthe, Fayard, 1996.
Au-delà de nulle part, roman, Fayard, 1997.
Mémoires de sabliers, éditions de l'Amateur, 1997.
Dictionnaire du XXIe siècle, Fayard, 1998.
Les Portes du Ciel, théâtre, Fayard, 1999.
La Femme du menteur, roman, Fayard, 1999.
Fraternités, Fayard, 1999.
Blaise Pascal ou le génie français, Fayard, 2000.

Jacques Attali

BRUITS

ESSAI SUR L'ÉCONOMIE POLITIQUE DE LA MUSIQUE

nouvelle édition

Fayard / PUF

La première édition de ce livre a paru
aux Presses Universitaires de France en 1977

Cette nouvelle édition est une version totalement remaniée
du texte initial.

À ma mère

En 1976, Louis Dandrel, alors directeur de France Musique, me proposa d'écrire et de réaliser une série d'émissions sur l'histoire des relations entre la musique, le pouvoir et l'argent. Je m'y lançai avec passion, choisissant des œuvres, des interprétations, des textes. J'y exposai une thèse : la musique est prophétique. Ces émissions furent diffusées tous les soirs d'une même semaine. Quinze heures d'antenne, rare privilège !

L'année suivante, j'écrivis un livre sur ce sujet, depuis lors sans cesse réédité et traduit dans une quinzaine de langues.

En vingt-cinq ans, bien des choses que j'annonçais alors comme prophétisées par la musique sont devenues réalités, voire banalités : l'impasse de la musique savante, l'assourdissement des « variétés », la musique répétitive, le karaoké, les nouveaux instruments, le développement de la pratique musicale, la dictature de la jeunesse, le nomadisme, les nouvelles formes de distribution, l'enjeu des droits d'auteur, la mondialisation, la société de l'information, la violence urbaine, le plaisir de faire de la musique, la gratuité, l'échec de la censure...

J'ai voulu relire ce texte pour lui ajouter un chapitre sur ce que la musique du dernier quart du XXe siècle a annoncé pour le XXIe. Mais comme je n'écris plus comme alors et comme la musicologie a beaucoup progressé, j'ai récrit l'ensemble pour mieux faire comprendre ce qui reste ma conviction : la musique est un extraordinaire moyen de prévoir l'avenir des sociétés et de prévenir leur suicide.

Pour moi qui n'ai jamais pu vivre sans musique, rien ne m'a paru plus urgent que de rappeler qu'elle reste un des ultimes espoirs de l'humanité.

1

BRUITS

Le savoir occidental tente, depuis vingt-cinq siècles, de voir le monde. Il n'a pas compris que le monde ne se regarde pas, qu'il s'entend. Il ne se lit pas, il s'écoute.

Notre science a toujours voulu surveiller, compter, abstraire, castrer les sens, oubliant que la vie est bruyante et que seule la mort est silencieuse : bruits du travail, bruits de fête, bruits de vie et de nature ; bruits achetés, vendus, imposés, interdits ; bruits de révolte, de révolution, de rage, de désespoir... Musiques et danses. Complaintes et défis. Rien ne se passe d'essentiel dans le monde sans que le bruit s'y manifeste.

Aujourd'hui, à un moment où le regard semble faire faillite, où l'on se contente d'un présent fait de spectacles, de vacarmes et de marchés, il faut apprendre à juger une société à ses bruits, à son art et à ses fêtes plus qu'à ses statistiques.

À tendre l'oreille aux bruits du monde, on comprendra où l'entraîne la folie des hommes, quelles espérances sont encore possibles, quelles renaissances sont déjà à l'œuvre.

Parmi les bruits, la musique est une invention au moins aussi ancienne que le langage. Jusqu'aux grands empires, comme toutes les autres activités humaines, elle participe des pratiques religieuses. Puis elle s'isole en un art ambigu et fragile, en apparence mineur et accessoire, d'abord dans des lieux construits pour elle, avant d'envahir le monde d'objets produits en série, consolateurs énigmatiques, sources de profit, enjeux de pouvoir, bruits de fond que beaucoup adulent sans vraiment les écouter et achètent pour ne pas vraiment les entendre. Au point qu'aujourd'hui on consacre plus d'argent à acheter de la musique que des livres, des films ou toute autre distraction, et qu'elle constitue la pointe avancée de la mondialisation.

Beaucoup de philosophes ont réfléchi sur la musique. Jean-Jacques Rousseau, par exemple, écrit dans son *Discours sur l'origine de l'inégalité* : « Soit donc qu'on recherche l'origine des arts, soit qu'on observe les premiers crieurs, on voit que tout se rapporte dans son principe aux moyens de pourvoir à la subsistance. » Pour Karl Marx, la musique est « miroir de la réalité ». Pour Friedrich Nietzsche, elle est « parole de vérité », « miroir dionysiaque du monde ». Pour Sigmund Freud, elle est « texte à déchiffrer ». « C'est l'homme à l'homme décrit dans le langage des choses », énonce Pierre Schaeffer.

Mais les théories sociales, piégées dans des schémas installés avant la fin du XIXe siècle, trop lourdes de signifiants préalables, ne peuvent expliquer ce qui en fait l'essentiel : la jubilation et la violence, le hasard et le désordre, le gratuit et le réciproque.

Mon intention n'est donc pas ici seulement de réfléchir *sur* la musique, mais de réfléchir *par* la musique. En passant ainsi de la musique à la société, le risque peut sembler grand de s'égarer dans un discours métaphorique, de transposer sans preuves des thèses d'un domaine à l'autre. J'assume consciemment ce risque. Pas un progrès qui ne soit fait dans une science quelconque sans importation d'idées venues d'ailleurs. Comme le dit joliment Friedrich Nietzsche, parlant du « vrai poète », dans *L'Origine de la tragédie*, la métaphore n'est pas « une figure de rhétorique, mais une image substituée qu'il place réellement devant ses yeux à la place d'une idée ». Le « vrai poète », au sens large, celui qui scrute ou pressent le devenir du monde, en vers ou en prose, a besoin de la métaphore d'abord pour comprendre, ensuite pour faire comprendre.

La société est un jeu de miroirs où toutes les activités se reflètent et se déforment. Comme le troupeau de bœufs du peuple des Nuer dont parle René Girard[1], miroir et double du peuple, la musique évolue parallèlement à la société des hommes, structurée comme elle et changeante avec elle. Avant elle.

Elle explore dans un code donné tout le champ des possibles plus vite que ne peut le faire la réalité matérielle. Elle fait entendre ce qui, par la suite, deviendra visible, s'imposera, réglera l'ordre des choses. Elle

1. René Girard, *La Violence et le Sacré*, Grasset, 1972.

n'est pas seulement l'écho de l'esthétique d'un temps, mais le dépassement du quotidien et l'annonce de son avenir.

Miroir et boule de cristal, surface d'enregistrement de l'œuvre des humains, marque d'un manque, morceau d'utopie, mémoire privée où chaque auditeur enregistre ses propres sensations, *anamnèse*, mémoire collective de l'ordre et des généalogies[1], elle n'est ni une activité autonome, ni une conséquence de l'infrastructure économique ; elle vient des peuples et des artistes, des hommes et des dieux, des fêtes et des prières.

Ainsi Bach et Mozart reflètent-ils chacun à leur façon, sans le savoir ni le vouloir, le rêve d'harmonie de la bourgeoisie naissante en même temps que l'angoisse des cours et le grondement des peuples. Et ils le font mieux — et avant ! — que tous les théoriciens politiques du XIXe siècle. Bob Marley et Janis Joplin, John Lennon et Jimi Hendrix en disent plus long sur le rêve libérateur des années soixante qu'aucune théorie ne saura jamais le faire. Les variétés, les hit-parades et le show-business, les clips et les samples sont les annonces, dérisoires et prophétiques, des futures formes de la mondialisation des désirs. Le rap, après le free jazz, annonce l'explosion de la violence urbaine. Napster, la prochaine bataille pour la propriété de l'information. Dans le même temps s'esquisse en d'autres pratiques l'ébauche

1. *Cf.* Zahan, *La Dialectique du verbe chez les Bambaras*, Mouton, 1963.

d'une future utopie : trouver son bonheur à faire plaisir.

La musique n'est plus alors qu'un détour pour parler à l'homme de l'œuvre de l'homme, pour entendre et faire entendre sa condition et l'ampleur de sa créativité en friche.

LES BRUITS DU POUVOIR

Bruits et politique

Avec le bruit sont nés le désordre et son contraire : la musique. Avec la musique sont nés le pouvoir et son contraire : la subversion. Dans les bruits se lisent les codes de la vie, les rapports entre les hommes. Clameur et Mélodie ; Dissonance et Harmonie...

Lorsqu'il est façonné par l'homme avec des outils spécifiques, lorsqu'il envahit le temps des prières et des fêtes, du recueillement et de la distraction, lorsqu'il se fait Musique, le bruit devient source de dépassement et de liberté, de transcendance et de rêve, d'exigence et de révolte.

Outil de marquage de leur territoire par les oiseaux et les bergers, il s'inscrit dès son origine dans la panoplie du pouvoir : il définit la propriété, indique les frontières d'une puissance, marque la possession d'un espace, donne les moyens de s'y faire entendre et d'y trouver sa nourriture — d'y survivre.

Il n'y a pas de pouvoir sans contrôle du bruit, sans code pour analyser, marquer, restreindre, dresser, réprimer, canaliser les sons. Ceux du langage, du corps, des outils, des objets, des rapports avec les autres et avec soi-même. Toute musique, toute organisation des sons constituent un moyen de créer ou de consolider une communauté, le lien d'un pouvoir avec ses sujets, un attribut de ce pouvoir, quel qu'il soit.

Il n'y a pas non plus de liberté sans musique. Elle incite au dépassement de soi et des autres, à aller au-delà des normes et des règles, à se faire une idée, même faible, de la transcendance.

Et justement parce que le bruit est à la fois instrument de pouvoir et source de révolte, le politique a toujours été fasciné par l'écoute de ses sujets. C'est par là qu'il se rassure, qu'il prépare ses ordres, qu'il prévient les révoltes. Tout savoir est le fantasme des puissants. Tout enregistrer est le rêve des polices.

Dans un texte extraordinaire et peu connu, Leibniz décrit minutieusement ce qui serait, selon lui, l'organisation politique idéale, le « Palais des merveilles », automate harmonieux où toutes les sciences et techniques du temps seraient mises au service du pouvoir. Et parmi elles, naturellement, au premier rang, les moyens d'écoute et de surveillance des bruits : « Ces bâtiments seront construits de telle manière que le maître de la maison puisse entendre et voir tout ce qui se dit et fait sans qu'on l'aperçoive, par le moyen de miroirs et tuyaux, ce qui serait une chose très importante pour l'État et une sorte de confessionnal politique[1]... »

Beaucoup de mythes fondateurs tournent autour de l'enregistrement des paroles divines, de la conservation des bruits originels, des Tables de la Loi aux Paroles Gelées : écouter, mémoriser, enregistrer, surveiller pour maîtriser l'Histoire, pour manipuler la culture et la généalogie d'un peuple, canaliser ses violences et ses espérances. Du confessionnal à la traque sur Internet en passant par la torture et les écoutes téléphoniques, les techniques d'extorsion et les technologies d'enregistrement des bruits servent de trame à toutes les histoires de pouvoirs.

Les théoriciens du totalitarisme ont tous voulu réserver au Maître le monopole de l'émission et de l'écoute des bruits. Ils ont cherché à interdire l'expression du beau parce qu'ils savaient qu'elle préfigure et favorise la revendication du vrai. La répression des musiques régionales par la monarchie française, l'ostracisme des financiers blancs envers les musiciens noirs, l'obsession d'une musique tranquille et nationale chez les Soviétiques, la méfiance systématique à l'égard de l'improvisation : tous ces traits manifestent la même peur de ce qui est étranger, incontrôlable, différent.

Le marché entend lui aussi monopoliser l'émission de messages et contrôler les bruits, même si c'est par

1. « Drôle de pensée touchant une nouvelle sorte de représentation », *in* B. Gerlend, *Leibnizens Nachgelassene*, pp. 246-250, publié par Y. Belaval, NRF, octobre 1958, et cité par Michel Serres dans « Don Juan ou le Palais des merveilles », *Les Études philosophiques*, n° 3, 1966, p. 389.

des méthodes moins violentes et plus subtiles : quand il investit la musique et dans la musique, il réduit le musicien à un objet de consommation, spectacle inoffensif d'une subversion maîtrisée, premier produit de grande série vendu en grande série, utilisant la révolte comme une matière première. À l'image de Muzak, cette entreprise qui, depuis 1920, produit et diffuse mondialement des programmes de musique standardisée à des milliers de stations de radio, à des millions d'ascenseurs, de restaurants, d'aéroports et autres lieux de solitudes juxtaposées.

Prétexte pour gens raisonnables à gagner de l'argent avec le travail des fous, Carême déguisé en Carnaval, le spectacle de la musique est un instrument de pacification sociale qui donne à tous l'illusion de goûter à des passions interdites. La noria de chansons et de vedettes standardisées, même si elles sont en apparence violentes ou rebelles, libertaires ou subversives, enserre une vie quotidienne où plus personne n'a réellement la parole, où la musique est un simple moyen de jouer à se faire peur, un sujet anodin de conversation, une façon d'empêcher de parler et d'agir sérieusement.

Science, message et temps

Malgré l'immensité de la littérature musicologique, « l'absence remarquable de textes sur la musique[1] » renvoie à son impossible définition, à

1. Michel Serres, *Esthétique sur Carpaccio*, Hermann, 1975.

son ambiguïté fondamentale. Est-elle un art, une distraction, une science, une fête ? Énigme ! « Science de l'emploi rationnel des sons », dit le Littré à la fin du XIXe siècle pour la réduire à sa dimension harmonique et la confondre avec une pure syntaxe scientifiquement définie. « Simplicité limite des signaux », « message limite, mode chiffré de communication des universaux », pointe au contraire Michel Serres pour rappeler qu'au-delà du bruit la musique est un message, libre de toute codification, « confrontation dialectique avec le cours du temps ». Le temps qu'il faut occuper, nier, oublier pour ne pas penser à sa brièveté.

Science, message et temps : la musique est à la fois théorie pure, mode d'expression sociale, et durée, dépassement et distraction, prière et commerce. Information (insaisissable), matière (échangeable) et temps (énigmatique).

Elle renvoie par là à la triple dimension de toute œuvre humaine : *jouissance du créateur, jubilation du spectateur, source de pouvoir du messager.*

Religieuse et laïque, politique et économique, individuelle et collective, érotique et puritaine, faite de jouissance et de haine de soi, omniprésente en même temps qu'artificielle, elle est, comme tous les autres arts, au centre du monde parce que justement hors de lui : « L'art est partout puisque l'artifice est au cœur de la réalité[1]. »

---

1. Jean Baudrillard, *L'Échange symbolique et la mort*, Gallimard, 1976, p. 116.

Comprendre par la musique

Le musicien, comme la musique, joue toujours double jeu, à la fois *musicus* et *cantor*, reproducteur et prophète. Exclu, il porte un regard critique sur le monde. Intégré, il s'en fait le chroniqueur, l'écho de ses plus profondes valeurs. Il parle sur et contre elle. Et pour cette raison même il est distingué, séparé, vénéré, craint. Même reconnu et adulé, il reste dangereux, subversif, inquiétant, libérateur ; on ne peut séparer son histoire de celle de la répression et de la surveillance. Gesualdo ou Bach pas plus que John Cage, les Tangerine Dream ou Bob Marley ne renvoient à un système idéologique particulier. Ils sont des témoins de l'impossible emprisonnement du visionnaire par un pouvoir, aussi envahissant soit-il.

Élaborer une théorie des rapports entre la musique, le pouvoir et l'argent renvoie d'abord aux théories sur la musique. Déception : succession de typologies confuses et jamais innocentes. Roland Barthes avait raison d'écrire : « Si l'on examine la pratique courante de la critique musicale, on voit bien que l'œuvre (ou son exécution) n'est jamais traduite que sous la catégorie linguistique la plus pauvre : l'adjectif[1]. »

Depuis les trois sortes de musiques d'Aristote, « éthique » (utile à l'éducation), « d'action » (qui

1. *Musique en jeu*, n° 9.

entraîne même celui qui ne sait pas l'exécuter) et « cathartique » (dont le but est de perturber, puis d'apaiser), jusqu'à la distinction d'Oswald Spengler entre la musique « apollinienne » (modale, monodique et orale) et la musique « faustienne » (tonale, polyphonique et écrite), on en reste à des catégories peu opératoires. Freud dit être insensible à la musique parce qu'il ne peut « saisir par où elle produit de l'effet ». Puis vient Adorno, l'indépassable sociologue de la musique qui, au milieu du XXe siècle, lie son déclin à la barbarie de l'ordre européen — une barbarie de mélomanes.

Très longtemps la tradition musicologique a voulu imprimer une direction à l'histoire de la musique, dite successivement « primitive », « classique » et « moderne ». Comme pour démontrer une sorte de progrès dans le beau parallèlement à un progrès du savoir, de la technologie et de la morale.

Une telle thèse ne tient évidemment plus. Personne ne peut oser soutenir que la musique d'aujourd'hui serait meilleure que celle d'il y a six siècles. Et même si on ne sait presque rien des musiques jouées dans les sociétés plus anciennes, leurs traces subsistant dans les musiques du Sud fascinent plus que jamais. Elles constituent même l'irremplaçable matériel de la consommation mondialisée, la source recherchée d'un nomadisme virtuel, d'un voyage initiatique sonore.

Aujourd'hui, la fringale avec laquelle s'élaborent et s'entredétruisent théories, sommes, encyclopédies et typologies musicales cristallise l'angoisse du temps devant des musiques qui s'engloutissent dans la distraction, des esthétiques qui se dissolvent dans la futilité, des sens noyés dans la noria du commerce. Collections classificatoires sans portée réelle, elles ne sont que d'ultimes tentatives pour maintenir un ordre dans un monde bariolé, insensé, contradictoire, où le temps prend dans la musique même une dimension labyrinthique, irréductible à la mesure et aux catégories.

En particulier, les concepts de l'économie politique, construits pour analyser un monde du matériel — ou à tout le moins du quantifiable —, sont totalement inadaptés à l'étude des signes.

La simultanéité des styles, l'interpénétration mouvante des formes, la liberté des créateurs interdisent toute généalogie linéaire, toute archéologie hiérarchisée, toute localisation idéologique d'un musicien ou d'une œuvre. Chaque code musical s'enracine dans les idéologies et les technologies d'une époque en même temps qu'elle les produit. Ainsi Bach, à lui seul, explore presque tout le champ des possibles dans le système tonal, et annonce trois siècles d'aventure industrielle...

Alors, quel itinéraire suivre dans l'immense forêt de bruits qu'offre l'Histoire ? Comment comprendre ce que l'économie fait de la musique, et quelle économie annonce la musique ? Comment tracer l'histoire des rapports entre les musiques et les mondes de la production, de l'échange et du désir ?

Écrire l'histoire de l'économie politique de la musique, c'est justement tenter de décrire ce *ruis-*

sellement d'où peut surgir un sens au-delà du nonsens, une musique au-delà des bruits, une transe au-delà de la dissonance.

Au sein d'un tout autre contexte, dans sa mystérieuse description de la pédagogie initiatrice de son maître (le sorcier yaqui Don Juan Mateus, qui le prépare à l'usage des drogues), l'anthropologue américain Carlos Castaneda note d'ailleurs le rapport profond entre drogue, connaissance et ruissellement : « D'abord, va à la première plante, et là, observe attentivement comment s'écoule l'eau de ruissellement à partir de ce point. La pluie a dû transporter les graines au loin. Suis les rigoles que l'eau a creusées, ainsi tu connaîtras la direction de l'écoulement. Cherche alors la plante qui, dans cette direction, se trouve la plus éloignée de la tienne. Toutes celles qui poussent entre ces deux-là sont à toi. Plus tard, lorsque ces dernières sèmeront à leur tour leurs graines, tu pourras, en suivant le cours des eaux à partir de chacune de ces plantes, accroître ton territoire[1]. »

Cette métaphore recouvre une des plus grandes leçons de méthodologie scientifique qu'on puisse entendre aujourd'hui et qu'il convient d'appliquer à la musique : il est dérisoire de classer les musiciens en écoles, de distinguer des courants, de chercher des ruptures de style ou de vouloir lire dans la musique la traduction des prospérités ou des misères d'une

1. Carlos Castaneda, *L'Herbe du diable et la petite fumée*, trad. franç., Éd. Le Soleil noir, p. 160.

classe sociale. Comme la cartographie, elle enregistre la simultanéité d'ordres en conflit, elle dessine une structure floue, jamais résolue, jamais pure. Labyrinthique, fleuve charriant tant de rythmes entrechoqués, avançant sans jamais perdre sa trace, vers l'embouchure inexplicable sans sa source.

HISTOIRES DE MUSIQUES

L'histoire de la musique est « l'odyssée d'une errance, l'aventure de ses absences[1] ». Entre le chant des premiers hommes appelant les oiseaux, la flûte des premiers bergers, l'arc des premiers chasseurs, l'esprit des dieux entendus dans les premiers grondements du ciel, la polyphonie primitive, le contrepoint classique, l'harmonie tonale, le dodécaphonisme sériel, le jazz, le rap, la musique électronique et le sampling d'aujourd'hui, il n'y a de commun qu'un même rêve de mise en forme des bruits, d'extraction du beau hors du chaos.

Il n'y a là ni progrès ni régression, mais quelque chose comme un sens, une tension à l'avant-garde de tout changement dans l'ordre social.

Je montrerai dans les prochains chapitres qu'au cours de *trois* périodes distinctes, la musique s'est exprimée selon trois codes, avec trois modes d'organisation économiques spécifiques. Et que, paral-

1. Michel Serres, *Esthétique sur Carpaccio*, *op. cit.*

lèlement, trois idéologies, trois ordres ont dominé successivement : *religieux, impérial, marchand.* Dans les intervalles, des phases de désarroi et de désordre préparaient la naissance de l'ordre suivant.

Une quatrième période a commencé à partir du début du XXe siècle, faite de musiques *répétitives*, fondues dans le creuset de la musique noire américaine, appuyées sur une formidable demande de la jeunesse mondiale et sur une nouvelle organisation économique qu'ont rendu possible l'enregistrement et la diffusion — matérielle puis immatérielle — de la musique.

À chacune de ces périodes, la musique a dessiné dans ses pratiques, pour qui savait les lire, l'esquisse des temps à venir.

Par exemple, la pensée politique du XIXe siècle est presque tout entière en germe dans la musique du XVIIIe ; l'organisation politique du XXe siècle s'enracine dans la musique du XIXe. Et les multiples formes qu'elle prend aujourd'hui laissent deviner, pour le XXIe siècle, l'avènement d'une mondialisation métissée, d'une société du signe où toute angoisse s'oubliera dans le divertissement, où toute information, toute relation humaine, tout rapport social se noueront dans l'argent.

En même temps qu'elle laisse espérer une possibilité d'y échapper par une économie de la gratuité et de la fraternité.

Ce décalage prémonitoire avec le reste de la société peut se vérifier à mille détails. On peut, par exemple, jouer avec l'idée que l'acceptation du demi-ton par les musiciens de Florence au XVᵉ siècle annonce l'arrivée au pouvoir en Italie d'une classe plus raffinée, plus libre : celle des marchands de la Renaissance. Que ce n'est pas un hasard si la démesure des orchestres précède celle des usines, ou si l'industrialisation des moyens de diffusion de la musique devance la production en série de tous les autres objets. Qu'il n'est pas non plus fortuit qu'en 1913, juste avant le déclenchement des guerres et l'avènement des dictatures du XXᵉ siècle, Igor Stravinski ait écrit *Le Sacre du printemps* et fait entrer le bruit dans la musique l'année même où Russolo écrivait *L'Art des bruits*. Ni que la rupture de tonalité, à la fin du *Boléro* de Ravel, au paroxysme de la répétition, ait fait scandale juste quelques mois avant la Grande Crise de 1929. Ou enfin que le be-bop, le rock, le soul, le reggae, le free jazz, la techno, le rap précèdent chaque vague de révolte de la jeunesse urbaine pour se dissoudre dans ce qu'on a longtemps nommé, comme par antiphrase, les « variétés ».

À un moment où les technologies permettent une accumulation infinie de musiques et d'objets en même temps qu'ils en organisent l'indifférenciation ; à une époque où les marchandises se mettent à parler entre elles une langue très pauvre, certains ont cru pouvoir décréter la fin de la musique, comme d'autres ont proclamé la fin de l'Histoire : « L'odyssée musicale est close, le graphe est bouclé[1]. »

---

1. *Ibid.*

Et si, au contraire, tout ne faisait que commencer ? Si d'autres musiques annonçaient une fois de plus d'autres sociétés ? Si l'on pouvait, grâce à elles, tracer un pont vers l'avenir et guetter des renouveaux ?

Voici, esquissé, un premier survol de mes réponses à ces questions, qui seront approfondies aux chapitres suivants :

Rituels et sacrifices

À l'aube de l'humanité, tout le monde chante et danse. Pourtant, faire de la musique exige un savoir particulier, des dons qui ne sont pas reconnus à tous, des compétences qui transcendent celles d'autres artistes. Jouer de la flûte, de la harpe ou chanter n'est pas donné à tout le monde. Et encore moins se servir de la musique pour soigner, consoler, parler aux dieux.

Aussi la distinction entre musicien et non-musicien, qui sépare celui qui crée des sons de celui qui les écoute, constitue une des toutes premières divisions du travail et une des toutes premières différenciations sociales. Chaman, médecin, mais aussi intercesseur, prêtre et bouc émissaire, le musicien accompagne les prières à l'occasion des fêtes nomades, puis agricoles. Il est l'un des premiers regards d'une société sur elle-même, un des premiers catalyseurs des violences.

Je montrerai d'ailleurs que la musique trouve son origine dans le *meurtre rituel* dont elle est d'abord l'accompagnatrice, puis le mime et le simulacre : forme mineure de sacrifice et de pacification, mise en scène de l'ordre, preuve donnée aux hommes de la possibilité de vivre ensemble sous le règne des dieux. Toujours liée à la maîtrise des corps, à la danse, aux rites d'initiation en même temps qu'aux chemins de sagesse, elle est, dès les toutes premières sociétés, un attribut du pouvoir religieux, en même temps qu'une incitation à la subversion.

Pas un mythe essentiel qui ne fasse appel au musicien en tant que protection contre le bruit, perçu partout comme une menace contre laquelle il faut se protéger. *Pas un mythe qui ne décrive la musique comme la mise en forme, la domestication, la ritualisation du bruit en simulacre de meurtre rituel, métaphore du sacrifice fondateur de tout ordre social.*

Prêtre, officiant et sacrificateur, chantre du pouvoir, annonciateur de la libération, intercesseur avec le Ciel, le musicien est à la fois *dans* la société — qui le protège et le vénère — et *hors* d'elle, quand il la menace de ses visions et de ses appels au dépassement. À la fois *exclu* et *surhumain*, séparateur et intégrateur, mendiant et dieu, organisateur de fêtes et de prières, il est *à part*. Certaines religions interdisent aux croyants de manger à la même table que lui. D'autres l'isolent pour mieux le vénérer.

Empires et cités

Plus tard, dans les empires de l'Antiquité, les fonctions se distinguent : le musicien est toujours au service du prince-dieu, mais il n'est plus prêtre. Il chante la gloire du maître et l'accompagne dans les batailles et au théâtre. Esclave au service du prince et, dans ce cas, souvent intouchable et impur, il arrive qu'il soit prince lui-même.

En figure inversée de cette canalisation politique du Mal par la musique existe, souterraine et pourchassée, une autre musique : subversive, populaire, instrument de culte extatique, expression de la violence non censurée.

Plus tard, en Europe, quand, à partir du VIe siècle, l'Empire romain d'Occident tend à se reconstituer, la musique se réfugie dans les couvents, premier lieu de retour à la sécurité et de maîtrise du temps. Le théâtre chanté se transforme en Passion musicale. Charlemagne façonne l'unité politique et culturelle du continent en y imposant la pratique du chant grégorien, y compris par le recours à la loi : la normalisation musicale contribue à l'unification politique. La notation se fixe, fait circuler des partitions, sépare la musique du corps du musicien.

Jongleurs et troubadours

Au Moyen Âge, les musiciens d'église continuent de fournir l'essentiel de la musique ; la distinction se creuse entre les musiques du peuple et celles du pouvoir.

Les musiciens du peuple, *jongleurs*, sont aussi chanteurs, danseurs, mimes, acrobates, bouffons. Ils jouent et transmettent de mémoire des mélodies issues de très vieilles danses paysannes.

Les musiciens de cours, *troubadours* ou *trouvères*, sont pour l'essentiel des princes composant eux-mêmes des œuvres sophistiquées ou plaquant leurs poèmes sur des airs villageois.

Les consommateurs de musique appartiennent encore indistinctement à toutes les classes sociales : paysans lors des fêtes cycliques et des noces, artisans et compagnons lors des fêtes de saints patrons et des banquets annuels, bourgeois et nobles.

La violence est gérée par le religieux et par le prince — par le prêtre et par la police.

Entre officiants, jongleurs et trouvères, la circulation est facile. Certains textes de troubadours, très abstraits, sont chantés par les jongleurs et deviennent, plus ou moins modifiés, des chansons paysannes ou des messes. À l'inverse, les cours se paient, pour les grandes occasions, les services d'orchestres de jongleurs pour jouer des airs populaires, ou de chœurs d'église pour chanter des messes.

Domestiques, ménestrels

Au XIVe siècle, la musique d'église se rapproche de celle des cours et s'éloigne de celle des peuples qui perdent même le droit de chanter dans les églises. Les cours excluent les jongleurs, voix du peuple, pour ne plus écouter que de la musique sur partition, jouée par des musiciens rémunérés : chants solennels pour célébrer les victoires, danses pour les bals, messes pour les chapelles privées. Les musiciens deviennent *domestiques, ménestrels* attachés à un maître unique, courtisans, enserrés, canalisés comme les notes de la musique tonale dans la portée. Ils continuent de puiser dans le répertoire populaire et de composer des motets ou des messes d'après des chansons de rues rendues méconnaissables par la complexité polyphonique. Mais pour qui veut bien les entendre, la rupture est derrière la mise en scène, l'évasion dans la soumission ; lorsqu'ils rassurent, ils dénoncent. Lorsqu'ils séduisent, c'est pour détruire.

Puis le ménestrel se trouve une nouvelle clientèle : le bourgeois des villes marchandes qui ne peut se payer des musiciens à plein temps, ni même des concerts à domicile.

Représenter

Au XVIe siècle, la « représentation » commence avec l'oratorio et l'opéra, dans la concurrence des théâtres. Au cours des trois siècles suivants se développent concerts et cabarets. Ils font de la représentation musicale un bien marchand dont la valeur est comparable à celle des autres biens sur le marché. S'impose alors le droit d'auteur, première rémunération d'une information, bientôt exigée par d'autres catégories de créateurs.

Le marché impose des interprètes de plus en plus virtuoses, pour des œuvres de plus en plus spectaculaires jouées par des orchestres aux effectifs de plus en plus importants. Jusqu'à la dissonance...

Enregistrer et répéter

À la fin du XIXe siècle, l'invention du gramophone vient à point pour permettre d'étendre encore le marché de la musique. Plus besoin d'acheter des partitions ni de s'entasser dans des salles de concert. Voilà que la représentation devient répétition, production en série pour une écoute solitaire. Là encore, la musique annonce une société nouvelle : celle de la production en série, de la répétition quasi uniforme d'objets, de la dictature de la jeunesse, de la juxtaposition de solitudes environnées de marchandises, de la distraction autiste et mondialisée, du piratage et de la copie. En attendant que le *capitalisme culturel* ne prenne le pouvoir, peut-être sous couvert d'une gratuité créatrice de demande.

Dans les rues des villes, on n'entend presque plus de voix humaines, si ce n'est en conversation solitaire avec un portable. Dans l'océan d'artifices de la société marchande, l'objet sonore lui-même devient un métissage vidé de sens ; les vedettes circulent de plus en plus vite, marchandises parmi les marchandises annonçant un monde de répétition à l'infini, où, ultime avatar, les humains eux-mêmes pourraient être produits en série, clonés, comme si, à la violence entre les hommes devait succéder l'assassinat de l'espèce humaine.

Composer

De même que l'essentiel d'une philosophie n'est pas dans ce qu'elle dit explicitement, l'essentiel d'une réflexion sur l'avenir réside moins dans son existence que dans les manques qu'elle tente de combler : dans les creux de la répétition, dans la remise en cause du droit d'auteur, s'installe, se cristallise, à travers une multiplication de temps simultanés, un autre futur.

Au-delà de la répétition, au milieu du vacarme du non-sens, s'annoncent une quatrième pratique de la musique et, avec elle, de nouveaux rapports sociaux : improvisation, réappropriation de soi, *composition*, émergence d'une diversité, d'une subversion, plaisir de jouer pour soi, puis pour les autres, des œuvres improvisées : être heureux de rendre heureux.

Par la mort même de l'échange, par la destruction de tous les simulacres, surgissent des tentatives complexes et maladroites pour établir un nouveau statut de la musique, *une nouvelle façon de faire de la musique plutôt qu'une nouvelle musique*, vécue dans la gratuité de l'échange.

Le musicien y sera d'abord en communication avec lui-même, sans autre finalité que sa propre improvisation, plaisir solitaire en même temps que don à l'autre, à tous les autres, du plaisir de faire plaisir.

Enfin, pour que l'interprétation ne piège pas la composition, celle-ci ne sera même plus faite pour être entendue, mais seulement imaginée. À la promesse de fraternités se superposera la menace d'autisme.

OUBLIER, CROIRE, TAIRE

Venue du peuple et des dieux, au service des prêtres puis des princes, puis transformée en marchandise, la musique fait ainsi l'expérience, avant toutes les autres activités humaines, de la désacralisation. La première, elle montre comment se disciplinent les activités du corps, comment s'en spécialise l'exercice, comment s'en vend le spectacle, comment s'en accumulent les enregistrements produits en série, avant qu'en soit organisé le stockage virtuel sous forme d'informations pures. Elle annonce ainsi une mondialisation répétitive où rien ne se passerait plus, si ce n'est un infini cortège de marchandises pseudo-réelles, pseudo-nouvelles.

Fin de l'Histoire ? Retour de la violence primale ?

En cela la musique est d'une extrême actualité ; pur signe, elle révèle une des principales contradictions de l'avenir : alors qu'*aucune société ne peut durer sans structurer en son sein des différences, aucune économie marchande ne peut se développer sans réduire ces différences par la vente d'objets répliqués en série.*

La première, elle donne donc à entendre l'essentiel des contradictions des sociétés de demain : *une recherche angoissée de la différence perdue dans une logique d'où la différence est bannie.*

***

Dans les sociétés dominées par le religieux, puis dans les empires, tout se passait comme si la musique était utilisée et produite, dans le rituel et l'impérial, pour *faire oublier* la menace de violence. Puis, au début du marché, elle a été employée à *faire croire* à l'harmonie du monde et à la légitimité du pouvoir marchand. Dans la société industrielle, elle a servi à *faire taire* en produisant en série une musique répétitive et en tentant de censurer le reste des bruits humains.

Lorsque, dans les toutes premières sociétés, le pouvoir a voulu *faire oublier la menace*, la musique était métaphore du *sacrifice* rituel du bouc émissaire. Lorsqu'il a voulu *faire croire*, la musique est devenue mise en scène, *représentation* de l'ordre de l'échange. Lorsqu'il a tenté de *faire taire*, elle a été reproduite et normalisée — *répétition.*

Faire oublier, faire croire, faire taire : dans les trois cas, une forme de pouvoir — sacré lorsqu'il s'est agi de faire oublier la peur et la violence ; représentatif lorsqu'on s'est attaché à faire croire à l'ordre et à l'harmonie ; répétifif lorsqu'il s'agit de faire taire ceux qui le contestent.

À chaque fois la musique échappe, refuse sa soumission, annonce la subversion du code en place et la venue d'un pouvoir en devenir.

Rituel contre violence. Clarté contre peur. Pouvoir contre harmonie — bruits détruisant des ordres pour en structurer de nouveaux : peur, clarté, pouvoir, et, au-delà : liberté.

Ces quatre mots renvoient justement aux quatre étapes de l'apprentissage que distingue Carlos Castaneda. Cette convergence n'est pas l'effet du hasard : la musique est, comme l'herbe, un chemin de vertige, un moyen de dépassement, une invitation au voyage, une source d'extase. Elle est intuition, sacrifice, voie de la connaissance, chemin initiatique, tout comme l'est le champignon.

Est-ce d'ailleurs de drogue ou de musique que parle le sorcier yaqui quand il explique à son jeune élève : « Lorsqu'un homme commence à apprendre, ses objectifs n'apparaissent jamais très clairs. Son but est douteux, ses intentions vagues. Il espère obtenir des choses qui ne se matérialiseront jamais, car il ignore tout du rude labeur de l'apprentissage. Il commence à apprendre lentement, miette par miette, puis par grandes lampées. Et bientôt, ce qu'il apprend ne correspond jamais à ce qu'il se représentait ou imaginait, et graduellement la peur s'infiltre en lui. Apprendre n'est jamais ce qu'on pense. Une épreuve nouvelle marque chaque étape de la connaissance, et la frayeur qu'éprouve l'homme s'accroît, impossible, impitoyable [...]. Puis voici venu le temps où l'homme ne connaît plus la peur, ne laisse plus l'impatience troubler la clarté de son esprit, ne s'abandonne plus à la fascination de la puissance [...]. Si l'homme poursuit sa destinée, alors il pourra être appelé homme de connaissance, pour autant qu'il reste présent dans cette dernière et courte bataille contre son dernier invincible ennemi. Cet instant de clarté, de puissance et de savoir suffit[1]... » ?

Ce savoir par le peyotl décrit par Don Juan Mateus renvoie au savoir par la transe du chaman, au pouvoir par le sacrifice du pharmakon, à l'art par l'immanence du musicien.

1. Carlos Castaneda, *L'Herbe du diable et la petite fumée*, *op. cit.*, pp. 106-110.

2

SACRIFIER

La fête et la pénitence, la violence et l'harmonie...

Regardez attentivement *Le Combat de Carnaval et de Carême*, peint au milieu du XVIe siècle, en Flandre, par Pieter Bruegel l'Ancien[1] : l'histoire que je vais conter s'y trouve tout entière contenue.

Dans une lourde instabilité de pouvoirs, deux processions, deux camps, deux vies, deux rapports au monde bruissent et s'affrontent à côté d'un foyer de lumière et d'un puits obscur. Autour d'eux, le travail quotidien des hommes, l'étal d'un marchand, une ronde étrange, les jeux bruyants d'enfants au portail d'une église, un cortège de pénitents inscrivent les figures signifiantes d'une dynamique secrète : celle de la musique et du pouvoir.

Derrière cette mise en scène géniale et grinçante du conflit entre l'ordre religieux du carême et sa transgression dans la fête se dissimulent toutes les formes pensables de la condition humaine. Les pauvres se masquent et festoient autour d'un taber-

---

1. Le tableau, reproduit dans le cahier central de notre ouvrage, se trouve au Kunsthistorisches Museum de Vienne.

nacle dérisoire ; les riches font carême et affichent leur compassion par des aumônes à des mendiants humblement rangés sur le parvis de l'église. Dans la procession de Carnaval, un musicien, rendu tragique et inquiétant par le masque qui le défigure, voisine avec des joueurs de dés. Harmonie et dissonance. Ordre et désordre. Musique et bruit.

Dans cet affrontement symbolique entre la misère joyeuse et la puissance austère, entre le malheur détourné en fête et la richesse maquillée en pénitence, pour la première fois peut-être dans l'art occidental Bruegel ne donne pas seulement à voir, mais aussi et surtout à entendre le monde.

À entendre une sublime méditation sur la place des bruits dans les conflits humains, sur les dangers d'un écrasement de la fête, et sur la menace d'une victoire assourdissante du silence.

Une méditation ? Une prophétie, plutôt. Ambiguë et multiforme. Où je voudrais lire comme l'annonce du chemin que suivra la musique, se débattant dans le piège tendu par la politique et par l'économie.

Le Combat de Carnaval et de Carême est celui de deux stratégies politiques fondamentales, de deux organisations culturelles et idéologiques antagoniques : la *fête*, pour rendre à tous le malheur tolérable, par la désignation dérisoire de la victime d'un jour ; l'*austérité*, pour faire supporter, par la promesse de l'éternité, l'aliénation du quotidien : le bouc émissaire et la pénitence. Le bruit et le silence.

Bruegel met en scène ce conflit dans un espace vivant : bruits du jeu et du travail ; rires, plaintes, chants, appels, murmures, fontaines et vents. Bruits aujourd'hui presque tous disparus ou devenus inaudibles. Deux cents personnages, toutes saisons mêlées, entre Pâques et Rameaux, entre douleur et libération.

Archéologie des sonorités, mais aussi des marginalités : sur chaque personnage, hormis les bourgeois et les pénitents, s'inscrit une malformation physique, misère du temps. Cartographie des différences et des bruits. Pathologie spatiale et sonore. Annonce des dressages à venir dans l'ordre économique et politique.

Bruegel avait perçu l'identité profonde des bruits et des différences, du silence et de l'anonymat. Il annonçait la bataille entre les deux formes fondamentales de socialisation : la norme et la fête.

Mais, à l'évidence, il ne se faisait pas d'illusions : à l'époque où il peint, Charles Quint, après avoir instauré la loi flamande sur la péninsule Ibérique, meurt à Yuste. Son fils Philippe, qui a imposé la dictature espagnole aux Pays-Bas martyrs, s'enferme à l'Escurial.

Carnaval est un homme rebelle et rieur, à cheval sur un tonneau, mangeant de la viande et bravant tous les interdits. Carême est une femme sans charme, la tête surmontée d'un chapeau de miel.

L'austérité urbaine, bigote, féminine et espagnole, l'emporte sur la jubilation paysanne, païenne, masculine et flamande.

Au moment où s'accomplit ce renversement, où la religion n'est plus qu'un instrument d'ordre, support du pouvoir politique, justificateur des misères et dresseur de la jeunesse, Bruegel donne à entendre six siècles de bataille pour faire taire la fête dans le rituel, Carnaval dans le sacrifice : trois siècles avant lui, trois siècles après lui.

Trois siècles avant lui pendant lesquels l'Église a domestiqué musiciens et danseurs. Trois siècles après lui durant lesquels l'économie politique prend le relais pour poursuivre, autrement, cette domestication des musiciens, imposer ses propres bruits et ses propres musiques.

Ainsi ce tableau où la musique n'apparaît presque pas, sinon par un musicien masqué accompagné de son double fantomatique, n'en renvoie pas moins à l'essentiel de sa rencontre avec l'argent et avec la politique : mime du sacrifice, consolation du pénitent, canalisation de la violence, production de différences, sublimation du bruit, attribut du pouvoir.

Mais regardez-le encore de plus près : tout se passe comme si un immense conflit pivotait autour d'un puits, point catastrophe, vortex de l'univers.

Un conflit entre deux ordres sociaux, deux rapports au pouvoir. La pauvreté est dans les deux camps : d'un côté soumise, de l'autre rebelle. D'un côté, froide, obscure et solitaire ; de l'autre, chaude, lumineuse et solidaire.

La musique, elle, n'est que d'un côté : celui de la lumière, jouxtant un tabernacle, simulacre masqué d'un autel païen. Là, elle voisine avec les dés et les cartes à jouer, forme fragile à la marge du rituel et de la prière, ordre instable au bord du hasard, harmonie à la limite de la dissonance, distraction en même temps que science, prière en même temps que pari.

Ailleurs, le silence. Celui de la misère, celui de la richesse. Celui du désespoir. Celui du dédain.

À moins qu'une « leçon de ténèbres » n'accompagne les pénitents au sortir de l'église. Ou qu'un musicien caché ne rythme la ronde, là-bas, au loin, de l'autre côté de la place...

Il y a autre chose et plus encore dans ce tableau : méditation sur la musique, il donne à lire une cartographie des quatre formes possibles de l'économie politique. La musique accompagne la *fête*, simulacre de sacrifice païen, et le cortège des *masques* de Carnaval. Mais pour qui sait voir, elle est aussi là dans la procession des *pénitents* comme dans la *ronde*.

Fête, masques, pénitents, ronde : quatre figures pivotant autour du puits et de l'étal, de la mort et de la marchandise. Les quatre statuts possibles de la musique et les quatre formes que peut prendre une société.

Découvrir dans une des plus grandes œuvres de la peinture occidentale une méditation sur la musique et sur l'ordre du monde peut étonner. Lorsque j'ai cru la lire pour la première fois, elle m'a surpris, et me surprend encore. Ne serait-ce qu'une construction *a posteriori* à la faveur d'une visite de hasard ? Je ne le crois pas. Bruegel ne laissait rien au hasard, pas plus dans ce tableau que dans la *Dulle Griet*, *Le Massacre des innocents* ou *La Parabole des aveugles*. Il ne pouvait donc manquer, dans cette méditation sur les multiples formes possibles du bruit, d'entendre leur agencement avec les pouvoirs.

En esquissant tous les possibles, il a voulu montrer qu'on ne doit pas y chercher pour autant un *sens* de l'Histoire, qu'interdisent la circularité et l'interpénétration floue des figures et des groupes. Mais qu'on doit simplement écouter et plaindre les musiques, d'abord créatrices de rituel, puis simulacres d'ordre, pour passer ensuite du côté de Carême. Avant de se vendre enfin comme le poisson sur l'étal : nourriture obligée.

L'ESPACE DE LA MUSIQUE, MÉTAPHORE DU SACRIFICE

Signe, la musique l'a toujours été. Signe marchand, autonome, désacralisé, elle ne l'est que depuis trop peu de temps pour qu'on fasse commencer là son étude.

On ne peut rien comprendre à la musique, comme à aucune autre activité humaine, si l'on n'en fouille pas les traces archéologiques. Si l'on ne cherche pas à comprendre quel rôle elle jouait avant d'être simplement utile, rationnellement échangeable contre d'autres objets utiles.

Plus généralement, on ne peut élaborer l'économie politique d'une production humaine sans s'interroger d'abord sur la fonction de cette production avant qu'elle ne devienne marchandise. Toute chose fabriquée prend part à la cristallisation d'une organisation sociale, à une symbolique de pouvoir, à une ritualisation de la vie. Même l'étude de l'économie politique d'un objet aussi prosaïque qu'une chaise, par exemple, suppose de connaître sa place dans les sociétés anciennes, d'analyser sa fonction rituelle, avant que de s'intéresser à sa production et à sa commercialisation. Si l'on procédait ainsi, on s'apercevrait que la fonction d'une chaise n'est pas aussi simple qu'il y paraît. *Le Combat de Carnaval et de Carême* montre d'ailleurs, en passant, une étonnante symbolique de la chaise, tour à tour attribut de pouvoir et outil de pénitence.

L'utilité, la fonction, l'usage premier de la musique sont évidemment beaucoup plus hermétiques que ceux de tout autre objet. Et même si trop de spécialistes en restent encore à la définir par le plaisir qu'on retire à l'entendre, elle ne peut se comprendre qu'en cherchant à discerner, au-delà de sa valeur esthétique, sa signification première, sa fonction sociale ancienne, son archéologie.

À mon sens, la fonction fondamentale de la musique est de montrer que la violence est contrôlable, donc que la société est possible. Plus précisément, le bruit est une arme et la musique en est la mise en forme, la domestication en un simulacre de meurtre rituel.

La musique, au-delà de la langue

Pour comprendre le sens de la musique, certains ont voulu d'abord y voir une simple transcription du langage. La musique serait une façon de raconter une histoire autrement que par des mots. Et rien d'autre. Ainsi le maître de la langue Ferdinand Saussure croyait pouvoir y distinguer un signifiant et un signifié : « On ne voit pas ce qui empêche d'associer une idée quelconque à une suite de sons », écrit-il. Jacques Derrida en fait implicitement autant, qui énonce : « Il n'y a pas de musique avant le langage. » À ce compte-là, non seulement toute musique serait nécessairement un discours à transcrire, mais encore toute musique serait figurative. Et toute musique séparée de la parole ou du récit devrait être jugée, ainsi que l'écrit d'ailleurs Jean-Jacques Rousseau[1], « dégénérée ». Certes, la flûte, le tambour ou le chant ont depuis toujours aidé à transmettre des messages selon des codes proches de ceux des langues.

Cependant, à la différence des mots d'une langue qui se réfèrent à un signifié, la musique n'a jamais de référence stable à un code de type langagier. Ce n'est pas un « mythe codé en sons au lieu de mots[2] », mais plutôt « le langage moins le sens[3] ». Le « sens »

1. *Essai sur l'origine des langues*, Aubier-Montaigne.
2. Claude Lévi-Strauss, *L'Homme nu*, Plon, 1971.
3. *Ibid.*

du message musical s'exprime globalement, et non dans une signification juxtaposée de chaque élément sonore. Il n'est pas récit, mais totalité de sensations. En 1834, Robert Schumann écrit justement : « La musique parle le langage général qui agite l'âme de façon libre et indéterminée. »

Les découvertes récentes de la neurologie confirment bien cette différence entre musique et langage en localisant le traitement de la musique dans le cerveau en un tout autre lieu. Alors que le traitement du langage est nettement localisé dans l'hémisphère cérébral gauche, celui de la musique est beaucoup plus complexe. Une vibration sonore pénètre par le pavillon de l'oreille sous forme d'onde ; quand elle atteint le tympan, elle se transforme en oscillations de la membrane fermant le conduit auditif, transmises par des osselets à l'oreille interne, jusqu'à une cavité emplie de liquide où se trouvent quelque deux cent mille cellules cillées qui transforment les vibrations en substances chimiques. Celles-ci excitent à leur tour les terminaisons du nerf auditif qui les transforment en signaux électriques circulant alors jusqu'au cortex où s'opèrent l'analyse et la reconnaissance. Là se distinguent musique et langage : il semble que l'appréhension de la courbe mélodique se fasse tout entière dans l'hémisphère droit, alors que la localisation de celle du rythme reste encore mystérieuse. Les sensations musicales sont ensuite regroupées, analysées, comparées à un lexique sonore gardé quelque part en mémoire, lequel les reconnaît s'il les a déjà entendues, ou du moins les confronte à des sons, des timbres, des rythmes, des mélodies déjà mémorisés. On peut réentendre virtuellement un son en mémoire rien qu'en y pensant ; on peut en quelque sorte le fredonner dans son esprit : *phénomnèse*. Lorsqu'on réentend une œuvre mémorisée, on n'entend pas que l'œuvre, mais aussi tout le contexte dans lequel on l'a déjà entendue, réellement et virtuellement. Un climat sonore, un environnement musical, une mélodie peuvent alors être associés à une ambiance, une signification, un discours, pour suggérer des sentiments, manifester des intentions, des ordres, compléter ce que disent des images, inciter à une chorégraphie.

La mémoire des sons, essentielle à l'intelligence de la musique, s'organise dès la prime enfance. Elle varie considérablement d'un individu à l'autre. Certains n'en ont aucune et sont même incapables d'associer le nom d'une note à un son entendu mille fois. D'autres peuvent rejouer de mémoire des œuvres d'une très grande longueur, comme ce jeune esclave noir américain aveugle, connu sous le nom de Blind Tom, qui, vers 1850, pouvait interpréter au piano plus de cinq mille œuvres qu'il n'avait entendues qu'une seule fois !

Si la musique renvoie à la mémoire, c'est que son rôle s'inscrit depuis très longtemps dans la survie de l'humanité. Mais quel est ce rôle ?

La métaphore du sacrifice

Si la musique est essentielle à l'homme, c'est parce qu'elle l'aide à affronter ce qui menace sa survie : la *violence*, en lui fournissant une preuve de la possibilité d'y échapper. Cette fonction première, accumulée pendant des millénaires, a accompagné la construction des rituels de canalisation de la violence. Le plus souvent, ceux-ci se sont constitués autour de la désignation de boucs émissaires dont le sacrifice a polarisé la violence et permis au groupe de vivre en paix.

On aura peut-être reconnu dans cette théorie le transfert à la musique de l'hypothèse émise par d'innombrables anthropologues, sociologues et philosophes (tels, pour n'en citer que quelques-uns, Frazer, Mircea Eliade, Georges Bataille ou René Girard[1]) sur le rôle du rituel du sacrifice du bouc émissaire dans la canalisation de la violence. Selon cette hypothèse, toutes les collectivités humaines, depuis les temps les plus reculés, vivent dans la terreur de la violence dont la cause principale serait la trop grande similitude des désirs de leurs membres, qui les place en situation de rivalité. On ne désire que ce qu'un autre désire. Le désir est triangulaire.

Depuis toujours, les hommes savent que, dans une société composée d'êtres rigoureusement identiques,

1. René Girard, *La Violence et le Sacré, op. cit.*

la violence se répand sans limites, comme une épidémie, une « violence essentielle ». D'où la peur des doubles, la méfiance à l'égard des jumeaux, l'apologie systématique des différences (sans qu'il s'agisse nécessairement d'inégalités).

Pour écarter tout risque, les sociétés premières créent des distinctions, construisent des hiérarchies. Pour faire bonne mesure et éliminer toute menace résiduelle de violence, elles désignent un bouc émissaire sur lequel elles concentrent toute la haine afin que son sacrifice — réel ou symbolique — polarise la violence potentielle comme un paratonnerre attire la foudre. La victime de ce sacrifice expiatoire doit donc être assez haïe pour pouvoir être mise à mort sans remords, et assez vénérée pour pouvoir créer de l'ordre par sa mort même. Mépris et puissance. Victime et dieu.

Cette théorie trouve dans l'anthropologie d'innombrables vérifications. Ce n'est pas mon objet de les énumérer ; je rappellerai seulement que l'expression « bouc émissaire » trouve sa source dans le Lévitique (XVI, 21-22). En Grèce, on le nomme *pharmakon*, comme le thérapeute. Je m'attacherai ici à montrer que la musique remplit la même fonction métaphoriquement : elle est *simulacre du sacrifice du bouc émissaire*.

Pour ce faire, il me faut établir :

— d'une part, que *le bruit est violence* : il dérange. Faire du bruit, c'est rompre une transmission, c'est débrancher, c'est tuer. Faire du bruit est un simulacre de meurtre ;

— d'autre part, que *la musique est canalisation du bruit dans une direction particulière*, organisation du bruit en un sens ; en cela, elle est mise en forme, hiérarchisation des bruits et simulacre de sacrifice d'un bouc émissaire.

Le bruit, simulacre du meurtre

Le bruit a toujours été ressenti, dans toutes les cultures, comme une source de destruction, de désordre ; comme une salissure, une pollution, une agression. Il renvoie à l'idée d'arme, de blasphème, de fléau. « Voici, je vais faire venir sur ce lieu un malheur qui étourdira les oreilles de quiconque en entendra parler », dit Jérémie. Et Josué fait tomber au son des trompettes les murailles de Jéricho. Ou encore : « Quand les tambours de la Résurrection ont résonné, ils se sont bouché les oreilles de terreur » (Al Din Runir, Divani, Shansi Tabriz).

Avec la science, on a pu théoriser ces métaphores, saisir en quoi un bruit fait violence, mesurer les parasites dans les réseaux, déterminer dans quelles conditions ils interdisent l'audition d'un message.

D'abord la physiologie permet de montrer que le bruit est bien une arme, un moyen de faire du mal. Lorsque la fréquence des sonorités dépasse un certain seuil, correspondant à une intensité de quatre-vingts décibels, l'oreille peut être dégradée et même détruite : le bruit provoque ensuite la baisse des capacités intellectuelles, l'accélération respiratoire et cardiaque, l'hypertension, le ralentissement digestif ; au-delà, c'est la névrose, l'altération de l'élocution ; au-delà encore, la mort.

Ensuite, avec les progrès des télécommunications est apparue une théorie de l'information qui reprend ce concept de *bruit* (ou plutôt sa métonymie) pour le généraliser à toute forme de message. On y appelle « bruit », pour un récepteur donné, un signal qui gêne la réception d'un message, même s'il peut avoir lui-même un sens pour ce même récepteur ou pour un autre. Un bruit est d'abord tout simplement une sonorité (un ensemble de sons purs simultanément émis, de fréquences déterminées et d'intensités différentes) gênant l'écoute d'un message. Cela peut être un bruit sonore, mais aussi une donnée transmise sur un réseau de télécommunications, ou encore un message chimique transmis à l'intérieur d'une cellule. Un message peut devenir à son tour un bruit s'il brouille la réception d'un autre message. Par exemple s'il est exprimé selon un code inconnu : entendre parler une langue étrangère qu'on ignore, c'est entendre du bruit. Le bruit n'existe donc pas en lui-même, mais par rapport au système dans lequel il s'inscrit : émetteur, transmetteur, récepteur.

Au sens de la théorie de l'information, la musique est le contraire du bruit. Elle ne détruit pas, elle ajoute à l'ordre. L'information reçue par l'écoute d'une œuvre musicale réduit l'incertitude de l'auditeur sur l'état du monde. (Euler définissait d'ailleurs le beau comme un ordre mis dans une forme, réduisant l'incertitude sur l'état du monde.) Mais elle peut aussi devenir un bruit si elle n'est plus audible, parce que trop forte ou incompréhensible. Par exemple, si une musique en couvre une autre, elle est un bruit. Une toute nouvelle musique est aussi un bruit. Monteverdi et Bach sont des bruits par rapport au code polyphonique. Webern en est un pour le code tonal. La Monte Young ou Philipp Glass pour le code sériel. Le be-bop pour celui de la soul music. Le reggae pour le rock. Etc.

L'ordre par le bruit

Imaginée par Shannon et von Neumann, la théorie dite de *l'ordre par le bruit* conduit à établir les conditions dans lesquelles un bruit peut devenir à son tour un message. Cette théorie est à la source de progrès essentiels dans les télécommunications, les transmissions de données par Internet, la génétique et, tout récemment, les sciences sociales.

Elle montre que, pour qu'un bruit puisse devenir un message, il ne suffit pas qu'il soit plus intense que celui qu'il couvre. Il faut encore qu'il trouve un sens dans un code connu de l'auditeur. Pour cela, il faut en général traverser une crise, un point singulier, une *catastrophe* qui fasse naître une nouvelle langue.

Si l'on transpose cela à l'analyse sociale, on dira qu'un bruit peut prendre un sens dans un nouvel ordre s'il peut polariser, à un moment précis, la violence dans une crise, éliminer les rituels anciens et recréer un système de différences, un nouveau système de lecture à un autre niveau d'organisation.

Un bruit commence par faire taire les autres. Il organise la censure, le vide du sens. Puis cette absence même peut devenir présence de tous les sens possibles, ambiguïté absolue, libération de l'imaginaire, ouverture à de nouvelles esthétiques sonores, à de nouvelles langues. Telle est la conclusion de la théorie : l'ordre peut naître du bruit. La science le confirme tant pour les télécommunications, pour la génétique que la linguistique.

Les mythes et les civilisations anciennes voyaient déjà le bruit non seulement comme une arme, mais aussi comme une source de vie, d'ordre. Dans la plupart des cosmogonies, la création du monde est sonore. La science moderne n'est pas en reste quand elle nomme « big bang » la naissance de l'univers.

En Égypte, le dieu Thot est supposé avoir créé le monde par un cri. Pour les Hébreux, le tohu-bohu, néant et bruit de fond, précède et suivra le monde. La Bible est d'ailleurs le premier texte sacré où la musique est présentée comme une création humaine : comme s'il fallait décharger Dieu de toute responsabilité dans les violences des hommes. Ce n'est qu'après avoir mangé la pomme qu'Adam entend pour la première fois les pas, puis la voix de Dieu. La musique est la création d'un certain Jubal, descendant de Caïn à la huitième génération, « père de tous ceux qui jouent de la harpe et du chalumeau », et d'un autre descendant de Caïn, Toubal-Caïn, « inventeur des instruments de cuivre ».

Comme s'il incombait à deux descendants de celui qui a tué son double d'empêcher toute réédition de l'acte fatal de leur ancêtre.

Le bruit est aussi vu par beaucoup de civilisations comme source d'exaltation, forme de médicament, de drogue, de voyage, instrument d'extase, de dépassement, capable de guérir des piqûres de tarentule ou, selon Boissieu de Sauvage (dans sa *Nosologie méthodique*), de faire disparaître « quatorze formes de mélancolie ».

Marx le dit à sa manière : « Dans l'histoire comme dans la nature, la pourriture est le laboratoire de la vie[1]. »

La musique comme simulacre du sacrifice

Écouter du bruit, c'est un peu comme être menacé de mort. Écouter de la musique, c'est assister à un meurtre rituel, avec ce que cela a de dangereux, de coupable, mais aussi de rassurant. Applaudir, c'est réaffirmer, après l'écoute de la violence canalisée, le possible retour, par les spectateurs, à la violence essentielle.

La musique est mise en forme des bruits. Elle leur donne sens. Elle est comme l'opérateur d'un compromis sonore, conférant un sens à certains mélanges pour transformer la violence en ordre harmonieux.

1. Karl Marx, *Le Capital*, livre I, 4e section, chap. XV.

Elle mime ainsi, dans l'espace du son, la ritualisation du meurtre, recréant des différences entre les sons et réprimant la dissonance.

Comme les individus, une société ne guérit d'une psychose qu'en revivant les diverses phases de ses terreurs. La musique fait revivre à tous la canalisation de la violence essentielle. Simulacre de la monopolisation du pouvoir de tuer, du meurtre rituel, elle prouve la possibilité de vivre ensemble, de transformer les violences en ordre, le bruit en art.

Cérémonie de mise en ordre, demande de paix, sa force tient à ce qu'elle peut échouer, à ce qu'elle n'est jamais certaine. Mêlée à la danse, à la transe, elle peut toujours déraper. Par l'erreur du musicien, par l'intervention des spectateurs.

Par le passé, certains philosophes ont approché cette idée. D'abord Platon a vu qu'un ordre social peut être lié à une musique ; il écrit : « Par la musique, cet esprit révolutionnaire s'insinue très facilement et sans qu'on le remarque, comme s'il n'était que jeu et que rien de mal n'en dût sortir. Mais il n'en sort rien d'autre sinon que, se fixant peu à peu, il pénètre graduellement les mœurs et les habitudes. De là, s'étant renforcé, il passe jusque dans les affaires privées, arrive ensuite jusqu'aux lois et à la constitution politique avec une grande insolence et un grand manque de retenue, et finit par tout mettre sens dessus dessous [...]. Nulle part on ne modifie les lois de la musique sans modifier en même temps les dispositions civiles les plus importantes. C'est ici que les gardiens doivent édifier leur poste[1]. »

Leibniz analyse la musique comme l'organisation d'une panique contrôlée, comme l'occasion de la transformation de l'angoisse en joie, de la dissonance en harmonie ; il écrit : « Les grands compositeurs entremêlent très souvent les accords de dissonance pour exciter et pour inquiéter l'auditeur qui, anxieux du dénouement, éprouve d'autant plus de joie lorsque tout rentre dans l'ordre[2]. »

Montesquieu l'a vu aussi, pour qui la musique est, chez les Anciens, un plaisir nécessaire à la pacification sociale, un loisir des sens, le seul moyen d'adoucir les comportements qui soit compatible avec les bonnes mœurs. Il oppose d'ailleurs explicitement musique à homosexualité et en énonce l'échangeabilité : « Pourquoi choisir la musique par préférence ? C'est que, de tous les loisirs des sens, il n'y en a aucun qui corrompe moins l'âme. Nous rougissons de lire dans Plutarque que les Thébains, pour adoucir les mœurs de leurs jeunes gens, établirent par les lois un amour qui devrait être proscrit par toutes les nations du monde[3]. » En somme, la musique féminise sans nuire à la virilité.

Schoenberg n'est pas éloigné de la même idée quand il écrit que la musique est le lointain souvenir de la fonction principale des dieux, rassurer les

1. Platon, *La République*, 424.
2. *Dictionnaire encyclopédique de la musique*.
3. Montesquieu, *De l'esprit des lois*, livre V, chap. 1, pp. 272-273.

hommes : « Le sens de la musique, c'est la nostalgie de Dieu. »

Adorno, un des plus grands musicologues du XXe siècle, souvent cité aujourd'hui encore, parle de la musique comme d'une « promesse de réconciliation », et lui attribue implicitement la fonction essentielle du sacrifice rituel : réconcilier les hommes entre eux par l'ordre social.

D'autres encore l'ont presque deviné, tel, à propos du jazz, Colin Fletcher lorsqu'il écrit que « la relation entre violence et rock'n'roll indique que la musique a une tendance à absorber la violence et à réorienter les énergies violentes vers la création musicale ou vers le soutien, mais essentiellement non violent, de groupes ou chanteurs particuliers[1] ».

C'est aussi ce que laisse entendre la sagesse populaire quand elle proclame que « la musique adoucit les mœurs ».

Shakespeare, enfin, l'a vu mieux que tous les musicologues qui fait dire à Ulysse, dans *Troïlus et Cressida* : « Supprime les degrés, désaccorde ce luth et quelle discorde s'ensuit ! »

Ce texte, si souvent cité, éclaire de façon fulgurante les rapports entre harmonie, différence et hiérarchie. Il rappelle que, sans différences, la force l'emporte, et les faibles sont écrasés ; que l'harmonie

1. Charlie Gillett, *The Sound of the City*, New York, Outerbridge and Dientsfrey, 1970, p. 300. Étude de Colin Fletcher, *New Society and the Pop Process*, Londres, Richard Mabey, Hutchinson Educational, 1970, cité par P. Daufouy et J.-P. Sarton, *Pop Music/Rock*, 1972.

protège les faibles en maintenant des différences stables avec les riches.

RITES ET EMPIRES

Musiques et rituels premiers

L'homme de Néanderthal joue d'une flûte taillée dans un roseau et fait vibrer l'arc de chasse. Depuis quatre-vingt mille ans, autant qu'on puisse le savoir, la musique, chantée et jouée, accompagne la solitude des bergers, la gloire des guerriers, la prière des prêtres, sous des formes moins idéalisées que celles que décrit Brown[1] quand il évoque certaines populations d'Asie du Sud-Est au statut immuable : « Dans l'île d'Andaman, tout le monde invente des chansons, on apprend même aux enfants à en composer. En fabriquant un bateau ou un arc, ou en pagayant. L'Andamanien fredonne la chanson pour lui-même jusqu'à ce qu'il en soit satisfait, et la présente à la prochaine fête. Si le morceau a du succès, on l'ajoute au répertoire. Sinon, on l'oublie. »

On ne sait rien de ces musiques, sinon qu'elles sont, comme toutes les autres activités humaines d'alors, inséparables du religieux. Tout acte est communion avec la nature, elle-même expression

1. A.R. Brown, *The Andaman Islanders*, 1922.

des esprits. Toute fabrication est rituelle. Tout objet est vivant. Tout chant est prière. Toute danse est imploration, voyage initiatique. La musique accompagne tout sacrifice rituel. Celui-ci commence par un bruit, un grondement, et s'achève en harmonie.

Dès l'aube de l'Histoire, la musique s'inscrit comme communication avec un bruit fondamental, menaçant et protecteur à la fois : bruit des dieux, des ancêtres, des origines. Foudre et tonnerre. Elle est la réponse des hommes à ces bruits qui les dépassent. Une façon pour eux de dialoguer avec les éléments. Elle se définit comme *prière* et se donne pour fonction explicite de *rassurer*. Elle est inséparable des cérémonies religieuses et des sacrifices.

Créée par le travail de tous, sélectionnée dans la fête, accumulée dans la mémoire collective, inséparable du voyage vers les dieux, de la communication avec les esprits, de l'expression totale du corps dans la danse et le travail, elle engage tout de l'homme. Jouissance du spectacle du meurtre, simulacre de la fête et de la transgression, elle est une forme mineure ou atténuée du sacrifice rituel.

Comme il n'existe aucun récit de cette époque, ce n'est que par les mythes qu'on peut comprendre l'idée que les peuples très anciens se faisaient de leurs pratiques. Curieusement, aucun travail d'ensemble n'existe sur cette question pourtant fondamentale.

Pour sa part, Claude Lévi-Strauss s'est attaché à démontrer la réciproque, à savoir que la musique est, dans nos sociétés, un substitut des mythes. Pour lui, au moment de l'invention de la fugue, forme de composition identique à celle du mythe, la musique en aurait reçu une part d'héritage, le roman recevant l'autre. De Monteverdi à Stravinski, on pourrait ainsi lire les grandes formes musicales comme des substituts aux mythes. Lévi-Strauss en déduit une classification des compositeurs, distinguant les « musiciens du code » (Bach, Stravinski, Webern), qui commentent les règles d'un discours musical, les « musiciens du message » (Beethoven, Ravel, Schoenberg), qui racontent, et les « musiciens du mythe » (Wagner, Debussy, Berg), qui codent leur message à partir de récits. Le mythe est alors le produit d'un code par un message, de règles par un récit.

Mais on ne trouve pas, dans ce travail, d'explications du statut de la musique dans les sociétés contemporaines de l'élaboration des mythes.

À mon sens, la musique n'est pas seulement un substitut moderne des mythes ; elle est aussi présente dans les mythes où elle est comme un simulacre de sacrifice rituel, maîtrise de la violence, guérisseuse du Mal.

De ces récits révélateurs du rôle sacrificiel de la musique, je ne citerai ici que trois exemples.

Dans le monde chinois, on trouve un très grand nombre de formulations très explicites de ces rapports. Ainsi dans Sun Ts'ien : « Les sacrifices et la musique, les rites et les lois ont un seul et même but ; c'est par eux que les cœurs du peuple sont unis, et c'est d'eux que sort la méthode de bon gouvernement[1]. »

Dans le monde grec, le mythe des Sirènes est très clair : leur chant tue ceux qui l'écoutent, sauf Ulysse, offert en simulacre de bouc émissaire, attaché, incapable de se faire obéir de ses rameurs, sourds volontaires pour se défendre contre la violence du bruit. En s'isolant pour écouter pendant que les autres rament, il est comme l'artiste, à la fois prince et martyr.

Dans le monde germanique, on trouve le plus beau et le plus éclairant des mythes révélateurs de la fonction sacrificielle de la musique : la ville envahie de rats, la recherche par les notables des moyens de les détruire, le marché passé avec le joueur de flûte, la noyade des rats fascinés par la musique, le refus des notables d'honorer le contrat, et la vengeance exercée sur les enfants, eux aussi fascinés par le musicien, font du *Joueur de flûte d'Hamel* un mythe cardinal. On y trouve toutes les preuves étayant mon hypothèse : la musique éliminatrice de la violence, échangée pour son usage contre de l'argent, puis le renversement de la musique en instrument de violence après la rupture du contrat. L'argent vient ici rompre la paix retrouvée grâce à la musique, pour semer la mort.

Ainsi s'explique le statut du musicien dans les sociétés anciennes, sacrificateur sacrifié, *pharmakon*

1. *Les Mémoires historiques de Sun Ts'ien*, traduits et annotés par E. Chavannas, Paris, Éditions Leroux, 1895.

adoré et exclu, Œdipe et Dionysos, menace et consolation, dieu et martyr.

Dans presque toutes les civilisations, existent des thérapeutes musicaux équipés d'un instrument. David guérit ainsi le roi Saül de la folie en jouant de la harpe. Mais du musicien émane aussi une menace de mort, celle de la transgression ; il peut être le prophète d'une forme nouvelle de rapports avec la connaissance et le catalyseur de nouveaux pouvoirs.

À travers ces mythes, la musique affirme que la vie en société est possible. Elle devient le spectacle de l'utopie, l'image de la Cité idéale. Le Paradis chrétien est d'ailleurs musical, comme la plupart des royaumes de l'Au-delà dans toutes les civilisations et toutes les cosmogonies. D'où l'importance du débat à propos de l'existence d'un code musical naturel et d'une harmonie objective, scientifique et universelle. Si un tel code existait, on pourrait en déduire l'existence d'un ordre naturel et d'un équilibre général. Naïveté à la source de la plupart des utopies totalitaires...

D'où, aussi, l'extraordinaire et mystérieuse réflexion de Confucius : « Pour qu'on puisse dire qu'il y a musique, pensez-vous qu'il soit nécessaire de ranger des pantomimes dans un espace défini, de prendre des plumes et des flûtes, de faire résonner les cloches et les tambours ? Tenir sa parole, c'est une cérémonie. Agir sans effort ni violence, c'est de la musique[1]. » Tout est dit dans cette figure de mystère. Et tout s'éclaire si la musique est bien un attribut du cérémonial sacrificiel, un contrôle de la communication avec l'Au-delà, donc de la prière.

La musique est une stratégie parallèle à la religion : comme elle, elle « relie » ; comme elle, elle canalise la peur de la mort, et console.

Musiques d'Empire

Quand viennent les empires et leurs princes, partout la musique reste d'origine divine. La déesse Shiva en Inde, le dieu Thot en Égypte, la déesse Nina chez les Sumériens, le dieu Ishtar pour les Assyriens sont à l'origine de la musique, et les princes désormais les représentent.

On ne sait presque rien non plus de la musique jouée dans ces empires, si ce n'est que quelques peintures attestant sa présence envahissante à Sumer, en Chine et en Égypte il y a cinq mille ans. On y voit des chœurs, des gongs, des sonnettes, des cymbales, des tambours, des harpes à dix-neuf cordes, des psaltérions (trapèzes à cordes pincées, ancêtres du piano), des flûtes doubles, des trompettes, des tuyaux groupés (ancêtres de l'orgue), des instruments en corne d'animal (l'olifant fabriqué à partir de la défense d'éléphant, le cor à partir de cornes diverses). Tous ces instruments sont

1. *Li Ki* ou *Mémoires sur les bienséances et les cérémonies*, traduits et édités en 1899, vol. 11, chap. XXV, p. 897.

regroupés en orchestres de taille parfois impressionnante. On ne distingue pas traces de partition, ni même de notation musicale ; tous semblent jouer ou chanter de mémoire, même s'il est vraisemblable que, dès qu'il y eut écriture, il y eut aussi codification musicale, au moins pour le chant. On devait entendre des hymnes, des litanies, des psaumes, des lamentations, des musiques de divertissement pendant les repas ou à l'issue des batailles. Peut-être aussi des mises en musique de récits religieux ou militaires, esquisses de théâtre chanté.

La musique commence à être théorisée comme une preuve de l'harmonie du monde. En Chine, par exemple, la rigueur de la gamme matérialise l'harmonie nécessaire entre le Ciel et la Terre ; elle crée un pont entre l'ordre des dieux (le rituel) et l'ordre terrestre (le simulacre). À la fin du IIe siècle av. J.-C., peut-être déjà sous influence grecque, l'historien chinois Sun Ts'ien écrit : « La musique met en honneur l'harmonie ; elle étend l'influence spirituelle et se conforme au Ciel : quand les rites et la musique sont clairs et complets, le Ciel et la Terre exercent chacun leurs fonctions normales. »

Les musiciens sont soit des esclaves, soit des princes cultivés, soit des prêtres attachés au service du temple. Des mythes glorifient leurs pouvoirs surnaturels et leur virtuosité.

L'empereur sélectionne les formes de la musique compatibles avec le bon ordre de la société ; il interdit celles qui peuvent troubler le peuple, et contrôle les débordements que son apprentissage peut entraîner. Musique et pouvoir sont alors explicitement liés. En Chine ancienne, le code musical renvoie à cinq mots : « palais », « délibération », « corne, « manifestation », « ailes »[1]. Mots de pouvoir ; mots de subversion. La possession d'un orchestre est toujours une démonstration de pouvoir. Dans l'empire du Milieu, le nombre et la configuration des musiciens d'un orchestre indiquent la position dans la noblesse du seigneur qui le possède : l'empereur a seul le droit de ranger ses musiciens en carré, les seigneurs importants sur trois côtés, les ministres sur deux, les nobles ordinaires sur un seul rang[2].

Première Europe

Si, en Grèce, la musique est encore une force religieuse (Orphée apprivoise les animaux, Amphion attire les poissons, Arion construit les murs de Thèbes, Pythagore et Empédocle guérissent des possédés, Isménias guérit la sciatique, Euterpe et Érato en sont les Muses), elle est avant tout l'occasion d'une première représentation quantifiée, scientifique de la nature. Pythagore aurait entendu quintes et quartes chez un forgeron au travail. La notation musicale, utilisant un alphabet, y apparaît au VIe siècle avant notre ère, avec une gamme de quatre, puis cinq, et enfin sept sons. La musique y est

1. Marina Scriabine, *Le Langage musical*, Éditions de Minuit, 1963.
2. *Ibid.*

présente dans les temples, chez les riches, parmi le peuple, dans les spectacles, les cérémonies politiques et les sacrifices expiatoires.

Les Grecs inventent des formes d'œuvres (l'épode, l'anabolique), des mots (« musique », « rythme », « harmonie »), des instruments (la cithare, dérivée de la lyre, avec cinq à onze cordes vibrant à vide ; l'orgue hydraulique supposé avoir été inventé à Alexandrie au IIIe siècle avant notre ère par l'architecte Ktesibios). On connaît une vingtaine d'œuvres et quelques noms de musiciens célèbres, esclaves ou princes cultivés (Terpendre, Archiloque, Pindare, Sapho). Platon écrit dans *Les Lois* : « L'ordre dans le mouvement est nommé Rythme, et on appelle Harmonie l'ordre de la voix où l'aigu et le grave se fondent. »

Quand s'esquisse la démocratie, le pouvoir politique cesse de censurer la musique. Il devient même politiquement utile de financer celle du peuple.

À Rome, les empereurs assurent leur popularité en finançant des spectacles populaires ; des « hydraules » (orgues hydrauliques) sont employés dans les jeux du cirque. La musique est alors, comme la foule, à la fois menaçante et légitime : un risque que tout pouvoir impérial doit courir tout en tentant de le canaliser. Mais aussi un prétexte à subversion, une transcendance des corps en rupture avec les religions et les pouvoirs officiels.

Si une musique ne s'intègre pas dans la religion officielle, on finit par la réprimer très brutalement. Ainsi, quand l'Empire romain s'effondre, le relais est pris par l'Église qui la normalise et l'intègre à son propre empire. Le pape Grégoire le Grand (590-604) impose le chant liturgique en latin, un choral d'hommes sur deux octaves, le chant grégorien. Charlemagne soumet à l'Empire une notation des sept notes selon l'ordre alphabétique à partir du *la*. Pour la première fois, on associe un son à une place dans l'espace (aigu en haut, grave en bas). La première composition écrite connue date du Xe siècle ; la portée, elle, apparaît au XIIe. La partition est d'abord aide-mémoire, puis lieu de composition. Le code d'écriture, en se complexifiant, modifie la nature des œuvres. L'interprète est déjà moins libre : il peut encore improviser, se tromper, mais l'auditeur peut désormais vérifier en suivant la partition. Le rôle de la mémoire décline. La musique se sépare du jeu et du lieu ; elle devient représentable hors de son compositeur, et nomade avec son interprète.

C'est par l'orgue que l'essentiel des progrès de la métallurgie et de la mécanique pénètre dans la sphère de la musique. Après l'invention de l'orgue pneumatique à Byzance au IVe siècle, des systèmes de plus en plus sophistiqués permettent d'envoyer l'air dans les tubes. On nomme « console » son unité centrale, qui comporte des « clés » pour régler la circulation de l'air dans les tuyaux. Celui qui gère l'ensemble des clés s'appelle un « clavier » ; puis le mot finit par désigner l'ensemble même des clés. En 757, l'empereur Constantin Copronyme offre un orgue gigantesque à Pépin le Bref. On connaît au Xe siècle un orgue de quatre cents tuyaux à Windsor.

Obsédée par l'idée de contrôler tous les rituels, l'Église tente d'interdire les autres musiques. Et comme les fidèles, s'ils chantent, même dans l'église, échappent encore à l'empire du prêtre, l'Église leur interdit bientôt de chanter la messe, laquelle devient alors un spectacle : drame liturgique racontant des épisodes de l'Histoire sainte, à l'image du théâtre grec, devant des spectateurs réduits au silence.

En 1209, le concile d'Avignon décrète qu'« aux vigiles des saints, il n'y aura[it] pas, dans les églises, de ces danses de théâtre, de ces réjouissances indécentes, de ces réunions de chanteurs et de ces chants mondains, lesquels provoquent l'âme des auditeurs au péché ». Trois ans plus tard, le concile de Paris interdit « aux assemblées de femmes réunies pour danser et chanter l'octroi de permissions d'entrer dans les cimetières ou dans les lieux consacrés, quels que soient les égards dus aux coutumes, aux religieuses de se mettre à la tête des processions qui font en chantant et en dansant le tour des églises et de leurs chapelles, ni dans leur propre cloître, ni ailleurs, ce que, même, nous ne croyons pas pouvoir permettre aux séculiers ; car, selon saint Grégoire, il vaut mieux, le dimanche, labourer, bêcher que de conduire ces danses ». Et l'on oblige un peu plus tard encore « les prêtres à défendre, sous peine d'excommunication, les assemblées pour danser et chanter dans les églises ou dans les cimetières [...]. Et si des gens ont fait des danses devant les églises des saints, qu'ils soient soumis, s'ils se repentent, à une pénitence de trois ans ».

Peu à peu, avec la complexification du rituel, les fidèles ne chantent plus guère. L'office devient spectacle.

Au XVIe siècle, Luther voudra revenir à la prière collective en langue vulgaire. Avec Rupff et Walther, il écrira des hymnes très simples, des chorals, en plaquant parfois des paroles nouvelles sur des mélodies religieuses antiques, sur du plain-chant, voire des chansons profanes.

Jongleurs, troubadours et trouvères

Quand, vers le XIIe siècle, les routes d'Europe deviennent un peu plus sûres réapparaissent, hors de la liturgie, deux autres façons de créer et de faire circuler la musique, l'une dans le peuple, l'autre chez les seigneurs.

Dans le peuple la musique devient l'apanage du *jongleur* (du latin *joculare*, « divertir »), héritier des esclaves amuseurs de Rome, danseur acrobate et musicien. Nomade, il se déplace de bourg en bourgade, propose ses services aux fêtes des villages, aux bals des châteaux. Il peut jouer un soir pour une noce paysanne et le lendemain chez un seigneur où il mange et dort avec les domestiques. Son mode de vie itinérant en fait un personnage dont on se méfie, à l'instar du vagabond ou du tire-laine. L'Église l'accuse de paganisme et de pratiques magiques. Les polices se méfient de sa capacité à colporter des nouvelles vraies ou fausses, d'autant plus qu'il compose parfois des chansons satiriques. Certains princes lui interdisent de chanter sur le territoire de leur fief, ou sur tel ou tel sujet délicat, sous peine d'emprisonnement. Parfois, à l'inverse, ils l'utilisent comme propagandiste pour diffuser des messages à l'intention du peuple. Ainsi, par exemple, Richard Cœur de Lion salarie des jongleurs pour chanter des chansons à sa gloire, les jours de marché. Pendant les guerres, des princes font aussi souvent composer et chanter des chansons contre leurs adversaires. Ils hésitent ainsi entre utiliser et interdire les jongleurs. Interdits à la cour de Philippe Auguste, ils sont autorisés à celle de Saint Louis.

Dans les cours d'Europe, comme dans l'ancienne Rome, les seigneurs se mettent à faire eux-mêmes de la musique. C'est au XIIe siècle, dans le Limousin, que pour la première fois en Europe moderne apparaissent, à côté des seigneurs guerriers, des princes raffinés et poètes. C'est la naissance de l'*esprit courtois*. Ils écrivent des textes amoureux ou ludiques, parfois des mélodies, des madrigaux, des musiques pour des fêtes ou des « entrées », associées à des défilés ou à des jeux scéniques. Véritables créateurs, inventeurs d'une musique savante, plus originale que celle qui circule parmi le peuple, on les nomme troubadours en langue d'oc (ceux qui « trouvent » de la musique), puis trouvères en langue d'oïl, et, un peu plus tard encore, *minnesänger* en Allemagne. Parmi les plus célèbres : Guillaume d'Aquitaine, Thibaut de Champagne, Bernard de Ventadour. Ils utilisent des instruments de plus en plus sophistiqués, tels l'échiquier, dérivé anglais du psaltérion auquel on a ajouté un clavier, puis le clavicorde avec quarante-cinq touches, d'autres encore, comme le manichordion.

Les musiques des églises, des princes et des villages ne sont pas cloisonnées : les jongleurs colportent la musique des troubadours, lesquels s'inspirent des chansons entendues dans les églises, elles-mêmes nourries de la musique des jongleurs. Des jongleurs interprètent des œuvres de trouvères qui ne peuvent jouer ou chanter leurs propres œuvres : ainsi Blondel de Nesle, au service de Richard Cœur de Lion, ou Adam de la Halle, au service du comte d'Artois. Les cours se paient, pour les grandes occasions, les services d'orchestres de jongleurs pour jouer des airs populaires. Les consommateurs de musique sont encore indistinctement dans toutes les classes sociales : paysans lors des fêtes et des noces, artisans et compagnons lors des fêtes de saints patrons, bourgeois, nobles, princes et évêques.

L'œuvre musicale appartient au seigneur qui l'a écrite ou commandée. Encore cette propriété est-elle abstraite : il ne pense ni à la céder, ni à la commercialiser. Pas un noble n'achète la musique d'un autre ; chacun préfère jouer la sienne ou celle de ses jongleurs, libre de tous droits.

Le ménestrel, musicien salarié

Les cours des rois de France et des princes d'Allemagne renouent avec la hiérarchie des empires et se dotent de musiciens d'empire : des jongleurs salariés sous le nom de ménestrels (de *ministerialis*, « fonctionnaire »). On est parfois — comme chez les Couperin ou les Bach — ménestrel de père en fils. Dans d'autres cas, les ménestrels se recrutent parmi les jongleurs. Johann Joachim Quantz (1697-1773), maître de flûte du roi de Prusse Frédéric II, après avoir joué comme jongleur dans les fêtes foraines, puis comme musicien à la chapelle du duc de Mersebourg, décrit merveilleusement cette mutation — qu'il a vécue — d'un statut de vagabond à celui de domestique :

« Mon père était maréchal-ferrant au village [...]. Il m'avait, dès ma neuvième année, mis au métier de forgeron : et même à son lit de mort il déclara que je devais continuer ce métier. Mais [...] dès que mon père fut mort, deux de ses frères, dont l'un était tailleur et l'autre musicien de la cour et de la ville de Mersebourg, s'offrirent à me prendre avec eux et à m'apprendre leur profession : de sorte qu'ils me laissèrent choisir celle des deux que je voulais suivre [...]. Comme, dès l'âge de huit ans, sans seulement savoir une note de musique, il me fallait accompagner sur une basse de viole allemande mon frère qui faisait, dans les fêtes de paysans, l'office de musicien de village, cette musique, si mauvaise qu'elle fût, dominait tellement mes penchants que je ne voulus pas être autre chose que musicien. Je partis donc en apprentissage, en août de l'année 1708, à Mersebourg, auprès du susdit Justus Quantz [...]. Le premier instrument qu'il me fallut apprendre fut le violon ; je parus y avoir grand plaisir et habileté. Puis vinrent le hautbois et la trompette. Je me suis occupé surtout de ces trois instruments dans mes trois années d'apprentissage. Quant aux autres instruments, tels que le cornet, le trombone, le cor de chasse, la flûte à bec, le basson, la basse de viole allemande, la viole de gambe, et qui sait combien d'autres qu'un bon artiste doit pouvoir tous jouer, je ne les ai pas négligés. Il est vrai qu'à cause de la quantité d'instruments différents qu'on a entre les mains, on reste en quelque sorte un bousilleur. On acquiert cependant avec le temps la connaissance de leurs propriétés qui sont presque indispensables aux compositeurs, surtout à ceux qui ont à faire avec la musique d'église. La chapelle ducale de Mersebourg n'était pas alors précisément riche. Nous devions renforcer la musique aussi bien à la cour qu'à l'église et aux repas. Lorsque je sortis enfin d'apprentissage, en décembre de l'année 1713, je jouais quelques solos de Corelli et de Telemann à l'examen. Mon maître me dispensa de trois quarts d'année d'apprentissage, mais à la condition que je lui servirais encore pendant une année, moyennant la moitié seulement de l'argent de la pension, de compagnon. En mars 1718, la “Chapelle polonaise” fut fondée, qui devait comprendre douze personnes. Comme il y avait onze membres reçus et qu'il manquait un joueur de hautbois, je me présentai, et, après un examen passé devant le directeur de la chapelle, baron Von Seyferitz, je fus admis en service. Le traitement annuel était de 150 thalers, avec logement gratuit en

Pologne [...]. Je me mis à étudier sérieusement la flûte traversière, sur laquelle je m'étais aussi exercé. Parce que je n'avais, dans la société où j'étais, à redouter là-dessus aucune animosité particulière, cette nouvelle occupation eut pour résultat que je commençai à penser plus sérieusement à la composition. Alors il n'y avait pas encore beaucoup de morceaux qui fussent écrits spécialement pour la flûte [...]. Je quittai Dresde en décembre 1741 quand j'entrai au service du roi de Prusse[1]... »

Le ménestrel joue ce que le seigneur lui commande. Valet, il doit à un seigneur tout son travail aussi longtemps qu'il est son employé, en général aux termes d'un contrat, pour une période limitée dans le temps ; il ne reçoit aucune rémunération autre que son salaire. Il est un homme de maison, un domestique comme le cuisinier ou le veneur du prince, réservé à son plaisir, sans marché ni public extérieurs à la cour qui l'emploie, même s'il bénéficie d'une grande réputation.

Ainsi, le contrat d'organiste de Bach à Arnstadt est-il encore celui d'un domestique :

« Étant donné qu'il a plu à notre très-noble et très-gracieux comte et maître, Monseigneur Anthon Günther, l'un des quatre comtes d'Empire, comte de Schwarzburg et Hohnstein, seigneur d'Arnstadt, Sonderhausen, Leutenberg, Lohra et Clettenberg, de vous accepter, vous, Johann Sebastian Bach, et de vous confier la charge d'organiste de l'Église-Neuve,

1. Cité dans J. G. Prod'homme, édit., *Écrits de musiciens*, pp. 351 *sqq.*

il vous appartient maintenant essentiellement de vous montrer en toutes choses le fidèle et honnête serviteur de notre très-gracieux seigneur le comte ; en particulier, vous vous montrerez actif et digne de confiance dans tout ce qui relèvera de la pratique de votre art et de votre science, et des charges et missions qui vous sont confiées ; vous serez précis les dimanches, jours de fête et autres jours de services publics en ladite Église-Neuve pour tenir l'orgue qui vous est confié ; vous en userez de façon convenable ; vous veillerez à ce qu'il soit maintenu en bon état et en prendrez grand soin ; si une partie en venait à faiblir, vous en donneriez prompte notification et indiqueriez les réparations qui pourraient être nécessaires ; vous n'en laisseriez l'accès à personne sans avoir porté le fait à la connaissance du surintendant ; et, en général, vous veillerez à ce que tout dommage soit évité et que l'instrument soit conservé en bon état de fonctionnement. Par ailleurs, dans votre vie quotidienne, vous cultiverez la crainte du seigneur, la sobriété et l'amour de la paix ; en toutes choses vous éviterez la mauvaise compagnie pour n'être point distrait de votre service, et pour vous conduire en tous points comme il convient à un organiste et à un serviteur qui a le sens de l'honneur envers Dieu, les autorités de ce monde et vos supérieurs. Pour cela, vous recevrez un salaire annuel de 50 florins, auxquels s'ajouteront 30 thalers pour vos dépenses de logement et de nourriture. Ces sommes seront remises de la façon suivante : 25 florins prélevés sur les taxes sur la bière, 25 florins sur les caisses de l'église et les 30 thalers complémentaires seront versés à l'hôpital. Le présent document a été établi suivant les procédures habituelles, sous l'autorité, la signature et le sceau de la Chancellerie du comte[1]... »

L'épître dédicatoire d'une œuvre est aussi une glorification explicite du prince par son valet musicien. Ainsi Lully, dans sa dédicace de *Persée* à Louis XIV, énonce-t-il cette soumission :

« C'est pour Vostre Majesté que j'ai entrepris cet ouvrage, je dois ne le consacrer qu'à vous, Sire, et c'est vous seul qui en devez faire la destinée. Le sentiment du public, quelque avantageux qu'il me puisse être, ne suffit pas pour me contenter, et je ne crois jamais avoir réussi que quand je suis assuré que mon travail a eu le bonheur de vous plaire. Le sujet m'en a paru si beau que je n'ai pas eu de peine à m'y attacher fortement, je ne pouvais manquer d'y trouver de puissants charmes, vous-même, Sire, vous avez bien voulu en faire le choix, et sitôt que j'y ai jeté les yeux, j'y ai découvert l'image de Vostre Majesté [...]. Je sais bien, Sire, que je n'ai pas dû en cette occasion me proposer de publier vos louanges ; ce n'est pas seulement pour moi que votre éloge est un sujet trop élevé, il est même au-dessus de la plus sublime éloquence. Cependant, je m'aperçois qu'en décrivant les dons véritables que Persée a reçus des dieux, et les entreprises étonnantes qu'il a achevées si glorieusement, je trace un portrait des qualités

1. Gilles Cantagrel, *Bach en son temps*, Fayard, 1997.

héroïques et des actions prodigieuses de Vostre Majesté. Je sens que mon zèle m'emporterait trop loin si je négligeais de le retenir[1]. »

La musique est là, au service du pouvoir. Molière fait même dire à son maître de musique : « Sans la musique, un État ne peut subsister[2]. » Mais pas n'importe quelle musique : l'État a peur de celles du peuple et interdit celles des provinces. Il a besoin de la centralité de la musique avant même de décider de celle de l'administration.

Élément de l'appareil idéologique, chargé de dire et signifier la gloire du prince, le musicien ne compose que ce que celui-ci lui demande. S'il s'écarte de la ligne mélodique autorisée, on lui en fait grief. Le 21 février 1706, le consistoire d'Arnstadt adresse ainsi à J. S. Bach, organiste de l'Église-Neuve depuis trois ans, des reproches sur les libertés musicales qu'il prend :

« Il est interrogé et il lui est demandé où il est allé récemment si longtemps et auprès de qui il en a demandé l'autorisation.

Celui-ci dit qu'il est allé à Lubeck pour y apprendre diverses choses relatives à son art, mais qu'il en avait auparavant demandé l'autorisation à Monsieur le Surintendant.

1. « Tragédie mise en musique par M. de Lully, Escuyer, Conseiller Secrétaire du Roy, et Surintendant de la Musique de Sa Majesté », cité par J.G. Prod'homme, édit., *Écrits de musiciens*, p. 209.
2. *Le Bourgeois gentilhomme*, acte I, scène 2.

Le Surintendant déclare qu'il n'avait demandé que quatre semaines et qu'il est resté quatre fois aussi longtemps.

Il dit espérer que l'orgue a été tenu entre-temps par celui qu'il avait désigné à cet effet, de telle manière qu'il ne puisse y avoir aucune plainte.

Nous lui avons répondu qu'il faisait depuis ce voyage d'étonnantes variations dans ses chorals, qu'il y mêlait des accords étranges, de telle sorte que la communauté en était fort troublée. Il devrait à l'avenir, s'il voulait introduire un *tonum peregrinum*, maintenir celui-ci assez longtemps et ne pas passer trop vite à un autre, ni surtout, comme il en avait pris l'habitude, jouer ensuite un *tonum contrarium*[1]. »

Un autre mémorandum, adressé sans doute à Bach par le consistoire de Leipzig le 16 février 1730, confirme le contrôle exercé par les puissants sur les créateurs :

« Notre attention a été attirée sur le fait que, durant les offices divins d'avant Noël, on a omis de chanter le symbole de Nicée, et que l'on a cru bon de chanter et d'introduire de nouveaux cantiques inconnus jusqu'à présent : une telle procédure arbitraire ne saurait être tolérée. En conséquence [...], nous exigeons par la présente qu'il s'arrange à l'avenir pour que, dans les églises de notre ville, les choses soient rédigées correctement, et que les nouveaux hymnes non encore en usage ne soient pas utilisés,

1. *Bach en son temps, op. cit.*

dans les offices divins, sans notre connaissance et notre approbation préalables[1]. »

On retrouve les mêmes exigences dans la plupart des contrats de travail de musiciens au service de princes. Celui de Haydn avec le prince Esterházy, signé le 1er mai 1761[2], fait de lui un chef, un compositeur et un administrateur, avec possibilité de résilier son contrat au bout de trois ans (ce que Bach ne pouvait faire).

Alors qu'en France et en Allemagne on trouve des ménestrels jusqu'au XVIIIe siècle, en Flandre, en Italie et en Angleterre certains jongleurs commencent dès le XIVe siècle à travailler pour d'autres que des seigneurs ou des paysans. Des marchands, qui ne peuvent se payer des musiciens à plein temps et à domicile, et qui n'ont pas le loisir de l'être eux-mêmes, veulent entendre de la musique. Tout comme ils dotent les beffrois de cloches pour concurrencer celles des couvents, les marchands s'approprient les musiciens. La maîtrise du temps est sonore ; celle de la musique l'accompagne. Des communes se paient ainsi des musiciens pour rivaliser à la fois avec le couvent et avec le prince. Puis des marchands louent individuellement leurs services. Les ménestrels s'organisent alors en confréries sur le modèle des métiers d'artisanat et de commerce : avec un saint patron (saint Julien des ménestriers), des banquets annuels, une caisse de

1. *Ibid.*
2. Cité par Marc Vignal, *Joseph Haydn*, Fayard, 1988, p. 84.

retraite et de maladie, des tarifs fixés par les règlements municipaux, un monopole pour les mariages et les cérémonies de famille excluant les jongleurs.

À partir du XIVe siècle (leur premier règlement connu date de 1321), les ménestrels deviennent entrepreneurs et proposent leurs services comme interprètes. Bientôt ils feront payer des places dans une enceinte fermée pour qu'on vienne les entendre. Il faudra et suffira d'être solvable pour avoir le droit de participer au rituel musical et au nouveau pouvoir. Un autre monde s'annonce.

3

REPRÉSENTER

Faire croire. Toute l'histoire de la musique à partir du XIVe siècle, comme celle de l'économie politique à partir du XVIIe siècle, se résume en une tentative pour faire croire à une réalité consensuelle du monde en le mettant en scène, en le représentant. Pour remplacer la ritualisation de la violence par le spectacle de son absence ; pour convaincre des spectateurs qu'une combinaison de l'échange marchand et du règne de la raison peut rendre le monde harmonieux, pour faire admettre une vie par procuration dans le monde rêvé des artistes.

Alors que, dans les communautés théocratiques et les empires, la musique était un élément du rituel du sacrifice et de la sublimation de l'imaginaire, elle devient, dans les hôtels de ville, les salons bourgeois, les salles de concert et les cabarets, un spectacle réservé à ceux qui ont les moyens d'en payer l'audition. Une façon de montrer que l'argent peut, lui aussi, constituer un substitut à la violence. Les bourgeoisies flamande, italienne, anglaise, puis allemande et française dégagent alors le musicien de l'entrave de la commande nobiliaire pour l'emprisonner dans d'autres contraintes, celles du commerce de *représentation*. Un fossé — une fosse — vient séparer les musiciens des auditeurs : la bourgeoisie fait silence à l'écoute de la musique, comme pour exprimer sa révérence devant le spectacle de l'harmonie. Au lieu d'être relation aux dieux ou signe de culture des princes, elle devient monologue de spécialistes en concurrence devant des consommateurs.

Toutes les institutions politiques et économiques modernes trouvent là leurs fondements.

LA REPRÉSENTATION, L'ÉCHANGE ET L'HARMONIE

La représentation du corps du roi

C'est dans les funérailles des rois qu'apparaît pour la première fois l'idée de « représentation » : l'économie politique de la mort précède encore une fois celle de la vie. À partir de 1327 en Angleterre, de 1422 en France, le successeur du roi, fût-il le propre fils du défunt, n'assiste plus aux obsèques. Une *effigie* dont le visage en cire reproduit exactement les traits du mort — on dit une « représentation », et c'est la première fois qu'apparaît le mot — est installée dans le palais. On la sert comme un vivant, on dresse la table pour elle et on lui présente des coupes aux heures naguère prévues pour le service du roi. Puis, tandis que le cadavre est porté discrètement vers l'église où il doit être inhumé, la « représentation » du roi, parée des vêtements du sacre, traverse la ville en grande pompe[1].

Pour certains, il s'agit d'une ruse neuve pour allonger la durée d'exposition du cadavre, permettre à plus de gens de le voir, et au successeur de saisir les fils du pouvoir. Pour d'autres, il s'agit de séparer le corps du roi de l'idée de royauté, la monarchie de la figure du prince : la « représentation » du monarque serait la première abstraction du pouvoir — un pouvoir qui incarne pour la première fois une nation par-delà ceux qui la dirigent.

La cérémonie funéraire annonce et préfigure ce que le marché réalisera de son côté en « représentant » les choses par leur prix ; puis ce que la démocratie idéalisera en « représentant » les propriétaires des choses par leurs élus. La langue le dit : c'est en 1360 qu'on commence à parler de ceux qui « représentent » le peuple ; c'est en 1538 que le mot vient désigner le spectacle d'une œuvre. La représentation commence alors dans toutes ses dimensions : dans la musique avec Monteverdi comme dans la peinture avec les premiers autoportraits de Filippo Lippi.

La musique pour les bourgeois : le style « représentatif »

Les bourgeois veulent d'abord entendre la même musique que les seigneurs. « Bourgeois gentils-

1. *Cf.* Jacques Attali, *Au propre et au figuré*, Fayard, 1988.

hommes », ils commencent par utiliser les services de ménestrels pour mimer les princes ; la musique n'est encore qu'expression d'un statut, enjeu de légitimité.

Dès la fin du Moyen Âge, les musiciens recherchent les grâces des échevins de villes marchandes pour y trouver un nouveau financement. Ils leur proposent de s'identifier aux princes par la commande d'œuvres qu'ils leur dédient en évoquant les précédents princiers et la fonction rituelle de la musique. Ainsi, par exemple, au début du XVIIe siècle, on peut lire dans une dédicace de la musique accompagnant des psaumes aux échevins d'Amsterdam ce rappel de la fonction de la musique dans les empires par l'organiste et compositeur Jan Sweelinck :

« Voilà pourquoi les sages du temps ancien, considérant que chaque chose a cette propriété de se mouvoir, tourner et incliner à son semblable et par son semblable, se sont servis de la musique et l'ont mise en usage non seulement pour donner du plaisir aux oreilles, mais principalement pour modifier ou émouvoir les affections de l'âme, et l'ont appropriée à leurs oracles afin d'instiller doucement et incorporer fermement leur doctrine en nos esprits et, les éveillant, les élever plus[1]. »

Les riches marchands commencent aussi à louer en privé des orchestres, à acheter des partitions de

1. Dédicace des *Cinquante psaumes de David*, de Sweelinck, aux bourgmestres et échevins de la ville d'Amsterdam, cité par J.G. Prod'homme, édit., *Écrits de musiciens*, p. 102.

danses pour les fêtes qu'ils donnent. D'abord ils commandent des musiques pour nobles : psaumes, messes, madrigaux, etc. Puis le bourgeois entend avoir sa propre musique ; s'invente pour cela un nouveau style sous le nom — justement — de « style représentatif ».

Avec la Renaissance, l'heure est en Italie à la redécouverte du monde grec en littérature, en science, dans le théâtre, la médecine, la philosophie et la musique. Cela débouche sur la floraison de musiques de danse et sur quatre nouveaux types d'œuvres : l'*oratorio*, l'*opéra*, la *fugue* et le *concerto*.

L'oratorio est une dérive du spectacle liturgique, fait de textes religieux et laïcs accompagnant de la musique sacrée ; il existait déjà de tels spectacles mixtes au Moyen Âge, tel le *Codex Buranus* au XIIIe siècle, dans lequel des textes lestes (le *Carmina Burana*) se mêlent à d'autres, inspirés de la Passion. Au XVIe siècle, à Rome, le fondateur de la congrégation des Oratoriens, Philippe Neri, organise dans des théâtres en plein air des spectacles musicaux à partir des Évangiles pour éduquer religieusement les jeunes gens du peuple. Quand d'autres après lui en font autant, avec des décors et des costumes, ils disent le faire dans un style qu'ils nomment *rappresentativo* et « dans l'esprit des Oratoriens » — ce qui donne l'*oratorio*. Le premier oratorio proprement dit, *La Rappresentazione di Anima e di Corpo*, d'Emilio dei Cavalieri, est donné en l'an 1600 à Rome. Bach avec les *Passions* puis Haendel avec le *Messie* en feront un art absolu.

La même année commence aussi l'*opéra*. Il trouve sa source dans la musique des ballets de la cour de France, et surtout dans celle des fêtes de Florence. De 1576 à 1587, le comte Bardi y réunit dans son palais intellectuels et musiciens autour de l'idée suivante : retrouver la Grèce dans toutes ses dimensions, en particulier musicales. Redécouvrant que les Grecs aimaient le théâtre chanté, on décide de « parler en musique ». En octobre 1600, à l'occasion du mariage d'Henri IV avec Marie de Médicis, est donnée au Palazzo Pitti une tragédie de Rinuccini, mise en musique par Jacopo Peri, *Euridice* : c'est le premier opéra. Enthousiasmé et jaloux, le duc de Mantoue commande alors à Claudio Monteverdi une « œuvre » — en italien : *opera* — sur le même sujet : la *Favola d'Orfeo*, donnée pour la première fois en 1607, dont le style expressif, réaffirmation de la victoire de la tonalité, achève de tuer la tradition du madrigal. Un peu plus tard, à Naples, Scarlatti fixe la forme de l'opéra et installe là aussi le « *stile rappresentativo* ». Un musicien italien, Lulli, importe le genre en France. Devenu page de la Grande Mademoiselle avant de la quitter après la Fronde pour entrer dans les « vingt-quatre violons » de Louis XIV, puis devenir surintendant de la Musique du Roi, il finit maître de musique de la famille royale sous le nom francisé de Lully.

Dans la seconde moitié du XVIIe siècle apparaît un autre genre, plus intellectuel encore, plus abstrait : la *fugue*. Un sujet, exposé par des voies successives et équivalentes, permet l'agencement d'infinies combinaisons de sons jusqu'aux plus complexes, explorant toutes les possibilités de l'harmonie. Bach en est le maître. Toute la société y manifeste son défi aux bruits, sa capacité à leur donner du sens, à les maîtriser.

Enfin, à la fin du Grand Siècle apparaît le *concerto*, d'abord pour désigner des œuvres écrites pour un ensemble de voix et d'instruments ; puis le « concerto grosso » (pour deux groupes d'instruments) ; enfin le concerto avec soliste, dialogue d'un orchestre avec un instrument (d'abord le violon, puis, à partir de 1780, le pianoforte). L'individu commence à s'exprimer et à se représenter comme distinct de la masse. Mozart y trouvera un mode d'expression à sa mesure.

La noblesse a encore joué un rôle déterminant dans la naissance de tous ces styles, sans voir qu'ils s'adressaient à d'autres qu'elle, préparant son déclin.

Le dressage harmonique

La représentation vise à faire de musiciens pour l'essentiel issus du peuple les acteurs d'un ordre bourgeois qui les méprise, les chantres d'un pouvoir qui les exclut. Cela exige à la fois un dressage méticuleux des créateurs et un apprentissage systématique des auditeurs ; non plus un contrôle de la production de musique savante par des princes, mais la sélection d'auteurs par le marché.

Les bourgeoisies, qui maîtrisent la musique et s'en font gloire en se dotant de magnifiques salles d'opéra et de concert, créent aussi des conservatoires destinés à former musiciens et chanteurs. Cette fonction, jusque-là exercée par les églises et les couvents, devient peu à peu l'apanage des municipalités et des États.

Ainsi en Italie, comme le montre ce texte de Burney écrit en 1771, à propos du conservatoire de San Onofrio, près de Naples :

« Les garçons y sont admis entre l'âge de 8-10 ans et 20 ans. Quand on les prend jeunes, ils sont tenus de rester au moins huit ans. Quand les garçons sont au conservatoire depuis plusieurs années et qu'on ne leur découvre aucun génie, on les renvoie pour laisser la place à d'autres. Certains sont pensionnaires et paient pour leur instruction. D'autres, une fois qu'ils ont servi leur temps, sont requis pour enseigner au reste des élèves [...]. Pendant l'hiver, les garçons se lèvent deux heures avant le jour et continuent leurs exercices, à l'exception d'une heure et demie pour le dîner, jusqu'à huit heures du soir [...]. Dans la grande salle d'exercice, il y avait un "concert hollandais", c'est-à-dire sept ou huit clavecins, encore plus de violons et quelques voix travaillant des morceaux différents dans des tonalités différentes. D'autres enfants étaient en train d'écrire dans la même pièce[1]. »

Les conservatoires italiens sont aussi parmi les derniers lieux de recrutement des castrats dont la présence est attestée, comme dans les civilisations les plus reculées. Dans le même texte de Burney, on trouve à leur propos la mention suivante :

« Assurément, l'opération, où qu'elle se fasse, est également contraire aux lois de la société et à celles de la nature : aussi bien les Italiens sont-ils si honteux de cet usage que dans chaque province on s'en décharge sur quelque autre [...].

On dit que] cette pratique est rigoureusement interdite dans les conservatoires et que les jeunes *castrati* viennent de Lecce, dans les Pouilles... »

Avec les progrès de la technologie, les instruments s'affinent et grandissent ; certains orgues comptent maintenant cinq claviers et jusqu'à deux mille tuyaux. Apparaissent la clarinette, le clavecin, l'épinette, le virginal (instrument à cordes pincées dérivé du psaltérion) et deux instruments à cordes frappées : le clavicorde et le pianoforte, celui-ci étant le premier instrument permettant de faire dépendre le volume du son de la pression des doigts et de séparer les sons produits avec l'une et l'autre main. Construit d'abord par Bartolomeo Cristofori à Florence en 1709 sous le nom de *gravicembalo col*

1. Charles Burney, *The Present State of Music in France and Italy*, 1771 ; traduction française chez Flammarion sous le titre : *Voyage musical dans l'Europe des Lumières*, 1992. Cité par O. Strunk, édit., *Source Readings in Music History*, p. 687.

pianoforte, il est perfectionné jusqu'au début du siècle suivant, surtout par le Saxon Silberman, puis par le Français Sébastien Érard.

L'Europe s'unifie ; on utilise partout les mêmes instruments. Le diapason, inventé en 1711 par le luthier anglais John Shore, permet d'unifier aussi la valeur des notes, jusqu'alors fantaisiste, à partir d'une fréquence étalon choisie au milieu de la portée en clé de *sol* : le la_3.

C'est aussi l'heure de l'homogénéisation des styles : quand un musicien a du succès, d'autres, ailleurs en Europe, l'imitent ; et il suffit de quelques années pour qu'une mode s'impose et que soient oubliées les précédentes. Les danses, les oratorios, les opéras, les fugues, les concertos d'auteurs à succès sont ainsi immédiatement réclamés dans toutes les villes et cours d'Europe. On les imite partout. Ainsi, vers 1760, le style de Haydn s'impose à tous ses contemporains : Carl Stamitz, Richter, Holzbauer, Filtz, Toeschi, Danzi, Cannabich, Wagenseil, Rosetti s'alignent sur lui avant que Mozart n'épanouisse son génie propre.

La représentation et la salle de concert

Des entrepreneurs commencent à organiser les concerts dont la bourgeoisie rêve comme d'une source de légitimité.

Tout commence par des « concerts à bénéfice » où les nobles invitent leurs amis à écouter leurs musiciens ou à danser en leur faisant partager les frais de la soirée. Puis les musiciens vendent eux-mêmes des places à l'entrée des salons des princes. Enfin interviennent des entrepreneurs de spectacle, souvent liés aux éditeurs de partitions, pour organiser des concerts dans des salles spéciales, privées ou publiques, à l'intention cette fois des marchands. La musique se distingue plus nettement de la danse.

Le premier théâtre public de musique est un théâtre d'opéra qui ouvre à Venise en 1637 : le San Cessiano. Puis d'autres sont établis à Naples et à Milan. Celui de Paris, fondé en 1669 par Perrin et Cambert, est placé sous le contrôle de l'intendant des Menus Plaisirs, puis, après faillite, confié à Lully en 1672. L'Italien le rebaptise « Académie royale de Musique » et ne laisse y représenter que ses propres œuvres. Simultanément, le théâtre des Comédiens-Français et celui des Italiens représentent des pièces incluant de la musique et des ballets inspirés de la commedia dell'arte italienne, elle-même venue des jongleurs.

Cette année-là — 1672 — ont lieu à Londres les premiers concerts payants de musique non chantée. Ils sont donnés par un violoniste et compositeur, John Banister, qui, pour de telles occasions, écrit des œuvres pour « orchestre ».

Dans les pays où le pouvoir monarchique reste puissant, la représentation n'est ouverte au public que dans les lieux appartenant à la puissance publique ou sous son strict contrôle. Ainsi, en France, jusqu'en 1725, il faut l'accord de l'Académie royale de Musique pour donner une représentation payante d'un spectacle incluant de la musique (telle une pièce de théâtre) ou pour tout bal public. Sous couvert de vérifier l'usage de la musique, il s'agit souvent d'exercer un contrôle policier sur tous les rassemblements publics. Bientôt, on ne tolère plus que les pièces de théâtre s'accompagnant de musique. En 1745 encore, les Comédiens-Italiens sont condamnés à payer 10 000 livres d'amende à l'Académie royale de Musique pour avoir représenté en public une parodie des *Fêtes de Thalie* avec des danses et du chant ; l'année suivante, ils sont encore condamnés à 30 000 livres d'amende pour avoir introduit des ballets dans trois pièces de théâtre : *La Fête ininterrompue*, *Le Nouveau Monde* et *L'Inconnue*. Le théâtre devient alors, avec Marivaux, un genre parfaitement autonome.

Haendel, l'un des premiers compositeurs à avoir cherché son financement hors des cours royales, décrit bien cette transition entre les concerts donnés devant des mécènes et les « concerts à bénéfice » ouverts à tous. Dans une lettre de 1741, il exprime ses réticences face à l'obligation où il se trouve d'avoir à donner un spectacle devant un public qu'il ne connaît pas. Il préfère encore ne pas savoir que des gens paient pour l'entendre :

« La noblesse m'a fait l'honneur d'ouvrir dans son sein une souscription pour six soirées, qui a rempli une salle de 600 personnes, de sorte que je n'ai pas eu besoin de vendre un seul billet à la porte. L'auditoire était composé, outre la fleur des dames de distinction et autres personnes de la plus haute qualité, de plusieurs évêques, doyens, chefs de collèges, et du monde le plus éminent de la Magistrature, comme le Chancelier, l'Auditor général, etc., qui tous furent si enchantés du poème qu'ils en demandèrent une seconde exécution pour la soirée suivante. Je ne puis assez vous exprimer l'amabilité avec laquelle on me traite ici. Ils me demandent déjà de donner plusieurs nouvelles séances quand les six soirées de souscription seront terminées, et le Lord Duke, le Lord Lieutenant (qui est toujours présent avec sa famille à ces soirées) demandera volontiers pour moi une prolongation de permission à Sa Majesté[1]. »

Pas un mot de l'éventuelle présence de marchands ou de roturiers à cette série de concerts donnés chez un seigneur, soit qu'ils ne furent pas invités, soit que Haendel ne juge pas digne de les mentionner.

Il faut attendre 1769 — donc bien après que les lieux de pouvoir se soient ouverts à la bourgeoisie dans le reste de l'Europe — pour que le Concert spirituel de Philidor, puis le concert des Amateurs de Gossec accueillent du public payant à des concerts donnés en France chez des particuliers. Juste après, en 1770, une première salle de concert est ouverte au grand public en Allemagne à l'initiative d'un groupe de marchands de Leipzig : d'abord dans l'auberge « Zu den drein Schwanen », puis, en 1781, dans la maison d'un drapier aménagée en salle

1. Cité par J. G. Prod'homme, *Écrits de musiciens*, *op. cit.*, p. 304.

avec scène, chaises, billets vendus à l'entrée : la musique s'enferme ainsi sur les lieux mêmes du commerce avant d'entrer dans des salles de théâtre.

Le musicien est alors encore moins sûr de son sort que lorsqu'il était ménestrel et domestique. Comme le jongleur, il doit maintenant gagner sa vie à chaque œuvre, à chaque concert, devant un public sans cesse changeant. Mozart ressent cette insécurité de musicien face à l'impitoyable censure de l'argent abstrait, de l'« argent en manteau noir ». En juillet 1789, il écrit :

« Au lieu de règlement, une nouvelle requête ! Si vous connaissez à fond mon cœur, vous devez sentir de même la douleur que j'en éprouve. Je n'ai certes pas besoin de vous rappeler comment cette malheureuse maladie m'a arrêté dans tout ce qui me rapporte : je dois seulement vous aviser que, malgré ma situation misérable, je m'étais résolu à donner chez moi des concerts par souscriptions, afin de pouvoir faire face au moins à mes si grandes et si nombreuses dépenses présentes — car de votre affectueuse patience j'étais bien persuadé — mais que ceci encore a échoué ! — mon destin m'est hélas si hostile — et seulement à Vienne ! — que je ne peux même rien gagner, quoi que je puisse tenter : voici quinze jours que j'ai fait circuler une liste, et le seul nom de van Swieten y figure[1] ! »

1. Lettre à Puchberg du 12 juillet 1789 dans J. et B. Massin, *Mozart*, Fayard, 1971.

Le bourgeois aime alors à avoir de la musique plus qu'à en écouter. Dans une lettre à son père du 1er mai 1778, Mozart décrit ainsi sa réception à Paris : « Il me fallut jouer pour les murs et les chaises. »

Quand il meurt, deux ans et demi plus tard, il n'a plus, au dire de Constance[1], que 60 florins, et 3 000 florins de dettes (dont 1 000 à Puchberg). Le baron van Swieten paiera l'enterrement le moins coûteux possible. Avant de se remarier, Constance vendra huit manuscrits au roi de Prusse, pour 800 ducats.

Fin de l'épître

Les musiciens s'éloignent alors des princes. Les épîtres dédicatoires des œuvres, jusque-là symboles de leur soumission aux cours, occasions de mendier une aumône, deviennent plus ironiques.

Dans un de ses furieux articles de l'*Encyclopédie*, Marmontel s'en prend avec violence aux musiciens qui acceptent encore ce jeu des épîtres dédicatoires :

« Les marques de bonté qu'on se vante d'avoir données, l'accueil favorable qu'il a fait s'en apercevoir, la reconnaissance dont on est si pénétré et dont il devrait être si surpris ; la part que l'on veut qu'il ait à un ouvrage dont la lecture l'a endormi ; ses aveux dont on lui fait l'histoire souvent chimérique, ses belles actions et ses sublimes vertus qu'on

1. *Ibid.*, p. 577 *sq.*

a passées sous silence pour de bonnes raisons ; sa générosité qu'on loue d'avance, etc. Toutes ces formules sont usées[1]... »

Les musiciens écrivent maintenant aux grands avec une impertinence qui précède et annonce la rébellion politique de la bourgeoisie. Ainsi, en 1768, un musicien de cour jusque-là fort révérencieux, André Modeste Grétry — qui écrira un peu plus tard de jolis opéras à l'italienne, justement sur des livrets de Marmontel —, s'adresse ainsi au comte de Rohan-Chabot[2] : « Je vous prie aussi de me refuser sans façons, si vous avez des raisons, telles que celle d'éviter une foule d'auteurs importuns qui cherchent sans doute à vous dédier leurs ouvrages... ». Ce même Grétry qui écrira plus tard[3], avec une très grande lucidité d'analyse :

« J'ai vu naître et s'effectuer une révolution parmi les artistes musiciens, qui a précédé de peu la grande révolution politique. Oui, je m'en souviens, les musiciens, que l'opinion maltraitait, se sont levés tout à coup et ont repoussé l'humiliation dont on les accablait. »

La noblesse, lorsqu'elle ne peut plus financer la musique, tente encore de préserver sa légitimité par sa capacité à en jouer — ultime ersatz des troubadours. Un témoin de l'époque raconte :

1. Marmontel, « Épître dédicatoire », *Encyclopédie*, V, p. 822.
2. Julien Tiersot, *Lettres de musiciens écrites en français du* XVe *au* XVIIIe *siècle*, Turin, 1924, I, p. 99.
3. *Encyclopédie de la musique et dictionnaire du Conservatoire*, éd. A. Lavignac et L. de La Laurencie, Paris, 1913-1931, 1ère partie, p. 1565.

« Le comte, depuis duc de Guines, jouait supérieurement de la flûte. Vendelingue, le plus grand artiste en ce genre de ce temps, convenait qu'ils étaient d'égale force. Le comte de Guines eut la fantaisie de jouer un soir avec lui dans un concert public ; ils jouèrent à deux reprises, faisant alternativement la première et la seconde flûte, et avec un succès exactement semblable[1]. »

À Prague, Maximilien Lobkowitz, prince régnant depuis 1784 — l'un des trois mécènes qui, après 1809, garantiront à Beethoven une rente annuelle —, tient lui-même, dans les années 1790, la partie de second violon dans le quatuor formé par son maître de chapelle, Anton Wranitzky. D'autres nobles tentent de se conduire en bourgeois et de participer à l'économie de la musique, tel le comte de Choiseul qui projette de rentabiliser l'Opéra-Comique par une galerie marchande.

En 1764, l'Académie devient l'École royale de Musique. Elle n'est plus qu'un lieu de formation et perd le contrôle des œuvres jouées, sauf à l'Opéra de Paris, alors installé à la porte Saint-Martin.

La musique refuse de rester liée à un camp auquel le pouvoir échappe. Elle se met au service des nouveaux consommateurs solvables : les bourgeois.

---

1. Stéphanie de Genlis, *Les Soupers de la maréchale de Luxembourg*, 2e éd., Paris, 1828, III, p. 44. Cité dans « Musician and Mecene », *International Review of the Aesthetics and Sociology of Music*, p. 250.

L'émergence de la musique marchandise

Pour que la musique devienne marchandise, il faut que se précise sa valeur en monnaie. Pour cela, il est nécessaire d'affirmer un droit de propriété de l'auteur sur son œuvre, et qu'apparaisse un entrepreneur ayant intérêt à la commercialiser : l'*éditeur*.

Jusque-là, l'œuvre appartenait au couvent, à l'Église ou au seigneur qui l'avait commandée. Encore cette propriété était-elle abstraite : personne ne pensait ni à la vendre, ni à l'acheter. Avec l'imprimerie, tout change : il devient possible de produire et de vendre des partitions. Le rapport à l'œuvre en est transformé. Jusque-là, le musicien jouait de mémoire, il pouvait improviser, se tromper, il courait des risques, le bruit pouvait poindre. Le spectacle était celui, sans cesse recommencé, de la violence maîtrisée par l'interprète. Avec la partition, une partie du risque disparaît : la mémoire n'est plus guère nécessaire. Les interprètes sont dès lors tenus à plus de rigueur ; peu à peu, leur droit à improviser tend à s'effacer. L'erreur est toujours possible, et l'auditeur va la guetter, l'attendre, l'espérer même, comme on redoute et espère tout à la fois la chute de l'acrobate.

L'éditeur de musique achète dorénavant l'œuvre au compositeur et gagne sa vie sur la vente des partitions. Mais ni lui ni l'auteur ne sont rémunérés quand des interprètes représentent l'œuvre ; il faudra trois siècles pour établir les droits des uns et des autres en la matière. Curieusement, alors que la France est l'un des derniers pays à avoir vu apparaître la représentation, elle sera le premier pays à reconnaître un droit économique sur celle-ci.

Les premières partitions imprimées connues datent de 1501 et sont produites à Venise par le libraire Petrucci. Ce sont d'abord des partitions pour instrument seul ; il faut attendre 1577 pour voir la première partition imprimée rassemblant toutes les parties vocales et instrumentales d'une même œuvre (un ensemble de madrigaux d'un certain de Rore).

À la différence des libraires-imprimeurs qui peuvent vivre d'un fonds ancien, très recherché depuis la Renaissance, les éditeurs de musique ne peuvent commercialiser de partitions de musique ancienne, qui n'existent pas. Aussi éditent-ils très vite, à l'intention des notables de province, des œuvres achetées à des musiciens contemporains. Ils font tout pour en garder le monopole, même si certains musiciens, en Italie et en Angleterre, obtiennent le droit d'imprimer eux-mêmes certaines de leurs œuvres. Les éditeurs sont en général les seuls à être autorisés à imprimer et vendre des partitions, et ce, sans limite de temps ; ils se constituent ainsi un pouvoir absolu sur la musique, une propriété indéfinie et totale, cessible à leurs héritiers, en principe pour les siècles des siècles... En 1527, l'édition musicale obtient même en France le droit exclusif d'imprimer la musique et de vendre les partitions à des interprètes — amateurs ou professionnels —

sans droit de suite pour l'auteur. Hors la reproduction écrite de l'objet matériel, rien ne vaut.

En France, pendant un siècle, le marché de l'édition musicale est ainsi dominé par deux éditeurs, Le Roy et Ballard. Le 16 février 1552, ils obtiennent le privilège perpétuel d'imprimer toute la musique vocale et instrumentale dont les autres privilèges étaient venus à expiration, et celui d'être les seuls imprimeurs de la musique du roi. Même Lully, malgré sa toute-puissance, ne peut obtenir du monarque le droit d'imprimer lui-même ses propres œuvres et de les vendre : un arrêt du 11 juin 1708 le lui interdit explicitement.

Encore cela ne concerne-t-il que les œuvres savantes. Évidemment, aucun droit n'est reconnu à l'auteur d'une œuvre populaire que personne n'imprime : la musique n'a de valeur que par l'objet qui la cristallise ; elle s'y résume.

Dès lors que les musiciens se dissocient des cours, ils commencent à organiser des concerts pour des publics solvables et revendiquent un droit sur la représentation de leurs œuvres. Autrement dit, ils veulent faire considérer l'éditeur comme le locataire de leurs œuvres, et en rester propriétaires.

Le combat ne faisait que commencer entre musiciens et éditeurs, aussi célèbres que puissants. Trois siècles plus tard, il dure encore.

Le pouvoir des éditeurs est peu à peu battu en brèche au profit des artistes : d'abord, par décision du Conseil du Roi du 13 août 1703, tout privilège éternel d'édition est nul de plein droit ; l'œuvre ne peut appartenir éternellement aux héritiers des éditeurs. Au bout d'un certain temps, elle doit revenir à l'auteur s'il est vivant : le principe de la *location* est ainsi affirmé.

Puis d'autres créateurs réussissent à protéger leurs œuvres des contrefaçons. Le premier jugement intervenu à ce sujet en Europe concerne des auteurs de dessins de soieries. Une ordonnance des consuls de Lyon du 25 octobre 1711 interdit aux marchands et aux ouvriers de fabrique de soieries « de voler, vendre, prêter ou se servir des dessins de fabrique qui leur sont confiés ».

Les musiciens, entre-temps, continuent d'affaiblir les éditeurs. Ils trouvent d'abord des alliés parmi les éditeurs de province qui s'insurgent contre le monopole accordé à leurs confrères parisiens et qui en obtiennent, en 1744, l'abolition. Voilà qui aide à mieux séparer la propriété de l'œuvre de celle de la partition : l'œuvre existe en soi, puisqu'elle peut être cédée simultanément à plusieurs éditeurs.

Avec les Lumières, le pouvoir des artistes face aux éditeurs augmente encore. Le 21 mars 1749, les éditions Ballard se voient refuser par Louis XV un privilège général pour l'impression musicale ; le Conseil du Roi reconnaît l'insaisissabilité des œuvres musicales, qui appartiennent aux auteurs, sauf les opéras sur lesquels l'Académie royale exerce encore sa propriété (le genre est trop lié au pouvoir).

C'est la première fois qu'est vraiment reconnu un droit des musiciens sur leurs œuvres. Il s'agit cependant d'un droit assez particulier : l'œuvre n'appartient que pour un temps limité à son auteur (sa vie durant), et il peut la louer pour cinquante ans à un éditeur. Au bout de cette période, elle devient la propriété de tous. La musique n'est donc pas un objet comme les autres : elle a vocation à devenir gratuite et à faire partie du patrimoine de l'humanité. Son appropriation privée, même par son auteur, n'est que provisoire, elle lui permet de continuer à créer. En même temps que s'affirme le droit moral des créateurs sur leurs œuvres, se reconnaît leur caractère de bien public.

Fait significatif : c'est à un libraire, David, que Diderot confie la rédaction de l'article « Droit de copie » de l'*Encyclopédie*. Cet article paraît en 1755 dans le tome V, et plaide encore pour un droit de propriété éternel des libraires-imprimeurs sur les manuscrits et partitions achetés à leurs auteurs. En 1763, Diderot, dans sa *Lettre sur le commerce de la librairie*, explique encore que la propriété littéraire d'un texte peut être cédée irrévocablement et éternellement par l'auteur à un éditeur :

« Est-ce qu'un ouvrage n'appartient pas à son auteur autant que sa maison ou son champ ? Est-ce qu'il n'en peut aliéner à jamais la propriété ? L'auteur est maître de son ouvrage, ou personne dans la société n'est maître de son bien. Le libraire le possède comme il était possédé par l'auteur ; il a le droit incontestable d'en tirer telle partie qui lui conviendra par des éditions réitérées. »

Malgré ce commentaire, un arrêt du Conseil du Roi du 15 septembre 1786 réaffirme pourtant le droit de propriété temporaire des compositeurs de musique sur leurs œuvres — sauf pour les opéras, encore réservés à l'Académie royale. Cet arrêt formule une réglementation générale qui garde encore toute sa valeur : elle ne permet aux éditeurs que d'acheter des droits partiels et temporaires aux auteurs. C'est encore une fois à propos des contrefaçons que se précise la législation : considérant que les « contrefaçons dont se plaignent les compositeurs et marchands de musique nuisent aux droits des artistes et aux progrès de l'art, que les droits de propriété sont de jour en jour moins respectés et que les talents sont dépouillés de leurs productions », l'arrêt décide que le privilège du sceau, nécessaire à l'impression, « ne sera délivré aux marchands éditeurs qu'en justifiant de la cession des droits qui leur aura été faite par les auteurs ou propriétaires » — et ce, à titre provisoire. Il règle les formes et conditions des déclarations et dépôts propres à assurer le droit de propriété, et enfin « défend, à peine de 3 000 livres d'amende, de contrefaire aucune pièce de musique, ainsi que les timbres ou marques des graveurs ».

Toutes ces mesures ne portent encore que sur ce que le droit veut bien alors reconnaître comme une « œuvre », à savoir une composition écrite d'une ampleur assez grande pour être éditée. Les chansons et les danses ne sont pas encore considérées comme telles. Ce qui n'empêche pas qu'on en contrôle soigneusement la diffusion : tout pouvoir sait que la musique populaire — en particulier les chansons — peut être véhicule de subversion, colportant des nouvelles que le pouvoir pourrait souhaiter cacher au peuple, ou prétexte à réunions et à révolte. Dans un rapport de police de 1751, on peut lire : « La plupart des gens sans aucun aveu, comme mendiants et femmes et filles de mauvaise vie, s'ingérant de chanter, font des contorsions dans les rues, et quelquefois, accablés de boissons, s'exposent à la risée du public et ajoutent souvent ce qui n'est pas dans la chanson[1]. »

Les chanteurs de rue vendent néanmoins à la sauvette des éditions clandestines des airs qu'ils interprètent. Voyant cela, les éditeurs obtiennent que les privilèges d'édition s'étendent aux chansons ; ils interdisent « aux chanteurs de faire imprimer aucune chose en leur nom » et édictent que « les chansons ne peuvent être imprimées que par un libraire-éditeur ». Certains éditeurs commencent alors à imprimer des chansons et à les faire vendre par les chanteurs de rue eux-mêmes. Ils proposent, pour mieux les contrôler, qu'on leur impose de demander une autorisation d'exercer à la police, comme c'est déjà le cas pour les colporteurs. Encore une fois, l'économie et le pouvoir sont d'accord contre les musiciens. Mais ils n'auront pas le temps de mettre ces dispositions en œuvre : la Révolution va tout balayer.

Dernière réussite de l'Ancien Régime : le 3 juillet 1777, Beaumarchais crée une société d'auteurs en

1. Document cité par Patrice Coirault dans *Formation de nos chansons folkloriques* (manuscrit 22116 de la BN), éditions du Scarabée, 1959.

vue d'obtenir pour les écrivains des droits égaux à ceux déjà reconnus depuis un demi-siècle aux musiciens. Quelques semaines plus tard, le 30 août, un arrêt du Conseil « reconnaît » le principe de l'édition à compte d'auteur : le privilège de la publication d'un livre « peut être directement octroyé à l'auteur lui-même, et en pareil cas, ce privilège passera aux héritiers de l'écrivain à perpétuité ». Encore une fois, la musique a été à l'avant-garde. Mais rien n'est mis en place pour faire respecter ce droit : personne ne comptabilise les ventes de partitions ou de livres, nul ne va chez les libraires, dans les bals, les opéras, les salles de concert ou les théâtres pour savoir qui et combien lit quoi, qui et combien écoute quoi. En ce sens-là aussi, la « représentation » reste une illusion.

Harmonie, marché, démocratie

La représentation implique l'idée d'un modèle, d'une abstraction, d'un élément qui « représente » tous les autres : représentation d'un monarque par son effigie, d'une réalité par une forme, d'un peuple par des représentants, d'un objet par une valeur monétaire. Elle met en scène un compromis, un équilibre, un ordre auxquels une société donnée veut croire et faire croire. Elle montre que la beauté peut surgir des bruits dans l'ordre de l'échange. Conciliatrice des sons, équilibre des échanges de matière sonore, elle est, dans l'économie comme en musique, équilibre dans l'échange de flux : *harmonie.*

L'harmonie est d'abord *naturelle*, garantie par l'existence de Dieu, créateur de la nature. Aux yeux de beaucoup, à l'époque, la musique sert d'ailleurs à retrouver l'état de nature. Pour Rousseau, par exemple, elle doit évoquer la conversation et permettre le discours public[1], la déclamation, le dialogue représenté ; l'opéra est pour lui la forme suprême de la représentation de l'harmonie naturelle.

L'harmonie est ensuite pensée comme *rationnelle*. Elle doit être fondée sur la science, création des hommes. L'introduction de la notation mesurée, de la basse continue, de l'accord tempéré fait de la musique un art raisonné, à la fois espérance de rationalité construite et consolation pour l'absence d'une rationalité naturelle.

L'harmonie met ainsi en relation le divin et le scientifique. Elle est une tentative de penser les créations de l'esprit humain comme conformes à la nature : « Le vocable *harmonie* balaie exactement son aire sémantique : nombre, artefact, bonheur, langage et monde » (Michel Serres). Cet ordre est subtil : il n'est pas fait d'uniformisation, mais, au contraire, inséparable de la différence et de la hiérarchie. L'harmonie ne survit que par les différences : lorsque celles-ci s'estompent, la violence ou la dissonance deviennent possibles. La différence est principe d'ordre, et le système harmonique fonctionne à partir de règles et d'interdits : interdiction des disso-

1. *Essai sur l'origine des langues*, Aubier, chap. XX.

nances réitérées, respect des différences et des distances, impératifs des accords autorisés.

Les deux harmonies — naturelle et scientifique — se confondent alors dans l'image d'un univers gouverné par une loi tout à la fois mathématique et musicale. L'esthétique de la représentation ne peut plus se faire accepter comme naturelle. Elle se masque en science, en loi universelle de perception, en pensée construite.

La représentation s'empare de ce concept flou pour en faire le maître mot de l'ordre qu'elle implique. La bourgeoisie européenne réussit ainsi une de ses plus belles productions idéologiques : créer un support théorique et esthétique de son pouvoir, *faire croire à sa légitimité en donnant à entendre de la beauté.* Comment, en effet, un ordre capable de faire naître une telle musique pourrait-il ne pas être celui que Dieu a voulu et que la science exige ? Un ordre que confirme d'ailleurs la loi de gravitation et d'attraction dont Kepler vient justement de calculer les « mélodies ».

La musique devient ainsi substitut de religion, expression d'une humanité idéale, image d'un temps abstrait, harmonieux, d'une histoire politiquement prévisible et scientifiquement maîtrisable.

Mais la représentation, c'est aussi le *marché* : toute théorie économique est représentation de la réalité sociale par son équivalent en monnaie ou en valeur. Tout objet est représenté par ce qu'il vaut. Faire entrer la musique dans l'échange conduit à affirmer l'existence d'une valeur intrinsèque des choses propres à l'œuvre[1], préalable à leur représentation. Celle-ci est alors l'énoncé de l'équivalence de la production de musique avec d'autres activités commerciales. La musique devient le lieu de la représentation de l'ordre marchand, l'affirmation d'une harmonie possible dans l'échange. Par le concert, un des premiers lieux où une marchandise est vendue à prix unique à de nombreux consommateurs, surgit au XVIIe siècle l'intuition de la théorie de la valeur qui dominera toute la pensée économique des XIXe et XXe siècles.

La représentation musicale est enfin l'annonce de la représentation en *politique* ; le spectateur solvable se fait représenter par ses élus et assiste à leur spectacle : démocratie censitaire. Quand, à l'aube du XVIIIe siècle, Montesquieu parle du commerce comme de la « profession des gens égaux », il annonce que la bourgeoisie va concevoir le parlementarisme censitaire comme le seul système politique compatible avec le marché : ceux qui votent sont les mêmes que ceux qui vont aux concerts, qui achètent des terres... et qui vont faire la Révolution.

Nationaliser la musique

Comme si la musique était une fois de plus prémonitoire des changements sociaux, quand commence 1789, l'Opéra de Paris, alors près de la Bastille, est

1. On trouve une esquisse de cette idée dans Michel Foucault, *Les Mots et les Choses*, Gallimard, p. 203.

déjà au centre d'une polémique sur la légitimité du pouvoir : l'institution doit-elle rester sous le contrôle du Roi, passer sous celui de la municipalité de Paris, ou bien devenir une entreprise privée ? En cette fin de règne, les bourgeois veulent récupérer un lieu et une musique qu'ils ne tolèrent plus de laisser entre les mains de la Cour. En mars 1789, un certain Viotty (ou Viotti) propose de séparer l'Opéra de Paris de la Maison du Roi, pour le faire gérer comme une entreprise commerciale. Le ministre de la Maison du Roi, Villedeuil, dont dépend l'établissement, note alors qu'il est « bien difficile de trouver le moment de s'occuper de l'Opéra, et surtout d'un projet qui tend à le changer entièrement : il n'y a pas un grand intérêt pour le Roi dans le changement proposé[1] ». Le 20 avril 1789, le Comité des artistes de l'Opéra proteste contre le projet et propose de gérer lui-même la salle :

« Nous croyons devoir déclarer dès à présent, notamment au Sr. Viotti & à tous autres, qui, ainsi que lui, auraient le projet de nous asservir à devenir les instruments d'une entreprise, et de ce qu'on appelle une *affaire*, que nous ne souscrirons ni par notre acquiescement, ni par nos services personnels, & que nous persévérerons à demander d'exploiter nous-mêmes le spectacle de l'Opéra [...] à l'instar des Théâtres François et Italien[2]... »

1. Anne-Marie Green, *Musique et Sociologie*, L'Harmattan, 2000.
2. *Ibid.*

Quand éclate la Révolution, les musiciens et chanteurs de l'Opéra, pour s'attirer les bonnes grâces du peuple, organisent le 21 juillet 1789 une représentation « au profit des pauvres ouvriers », à laquelle assiste Marie-Antoinette. Au début de 1790, ils réclament la convocation d'états généraux de l'Opéra, « composés de trois ordres : le chant, la danse et l'orchestre. À quelques nuances près, il existe une ressemblance étonnante entre ces trois ordres de nouvelle création et les trois défunts. Chaque ordre nomma ses députés, fit ses cahiers ; le jour fut indiqué ; l'ouverture fut brillante ; comme l'on devait s'y attendre, l'on cria beaucoup, l'on n'entendit rien, et personne ne fut d'accord », note un contemporain[1].

Le 8 avril 1790, la Constituante délègue l'administration de l'Opéra à la Ville de Paris, qui en confie la gestion à un ancien chef d'orchestre, Louis-Joseph Francœur, et à un architecte, Jacques Cellerier[2].

Dans le même temps, l'Assemblée codifie les acquis de la bourgeoisie en reprenant dans la législation révolutionnaire l'ensemble des décisions des juridictions monarchiques protégeant la propriété des compositeurs. Le 7 janvier 1791, une loi désigne sous le nom de « propriété » le droit d'un inventeur ou d'un créateur, et accorde une « patente » — d'une durée de dix ou quinze années — pour « toute découverte ou invention », ou « pour toute invention de

1. *Ibid*
2. *Ibid.*

perfectionnement », ou à « quiconque apportera le premier en France une découverte étrangère ». Le 13 janvier 1791, une loi sur la « liberté des théâtres », votée à l'initiative de Beaumarchais avec le soutien de Mirabeau et de Robespierre, réaffirme les droits des auteurs sur leurs œuvres, interdit la contrefaçon et — importante nouveauté — la représentation d'œuvres théâtrales sans l'autorisation des auteurs ou de leurs ayants droit jusque cinq ans après leur mort. Pour la première fois, l'Opéra de Paris n'échappe pas à la loi et doit payer les auteurs en fonction du nombre des représentations. C'est la première fois que ceux-ci sont directement intéressés à la représentation de leurs œuvres. Pendant le débat sur cette loi, Le Chapelier, avocat au parlement de Rennes, président du Comité constitutionnel, déclare que la propriété littéraire et artistique est « la plus sacrée, la plus légitime, la plus inattaquable et la plus personnelle des propriétés » durant la vie du créateur.

Pour donner un contenu concret à la loi est créé, le 8 mars 1791, un Bureau de perception des droits des auteurs et compositeurs dramatiques. Cette décision reste lettre morte. Le 14 juin, le texte de la loi Le Chapelier confirme que « la plus sacrée et la plus personnelle de toutes les propriétés est l'ouvrage de l'esprit, fruit de la pensée d'un écrivain ».

On discute toujours du point de savoir ce que l'on va faire de l'Opéra de Paris. Un rapport du 17 août 1791 recommande plutôt de le confier en gérance à la Ville : de nombreux riches étrangers, dit ce rapport, sont attirés par ses spectacles et dépensent leur argent dans la cité, ce qui profite non seulement aux artistes mais à des centaines d'autres travailleurs. Il est donc normal que la Ville en ait la responsabilité[1].

Deux ans plus tard, la loi du 10 juillet 1793 généralise celle de 1791 et étend le droit des musiciens aux auteurs, peintres et graveurs. Lakanal, rapporteur du projet, déclare que « nulle propriété n'est moins sujette à contestation que celle des productions de l'esprit », et il s'étonne qu'une loi soit nécessaire pour consacrer ce « droit évident ». L'article premier de la loi prévoit que « les auteurs d'écrits en tous genres, les compositeurs de musique, les peintres et dessinateurs qui feront graver des tableaux ou dessins jouiront durant leur vie entière du droit exclusif de vendre, distribuer leurs ouvrages dans le territoire de la République, et d'en céder la propriété en tout ou partie ». Le champ d'application de cette loi est très vaste, puisque son article 7 parle « de toute production de l'esprit ou du génie qui appartient aux beaux-arts ». La propriété intellectuelle est ainsi limitée à la durée de vie du créateur.

Avec la Terreur, le désordre s'installe, la confusion règne, les textes sont oubliés. Le 16 septembre 1793, les artistes de l'Opéra viennent au Conseil municipal de Paris entonner *La Marseillaise* pour réclamer le renvoi de Francœur et Cellerier, et

1. *Ibid.*

obtenir le droit d'administrer eux-mêmes l'Opéra[1]. Les deux administrateurs sont arrêtés, mais l'Opéra n'est pas confié pour autant aux musiciens, car la Convention oublie toute la législation qu'elle a elle-même voulue et décide de nationaliser la production musicale — d'en faire en somme un instrument de normalisation culturelle.

À la fin de 1793, Gossec, un ancien directeur des spectacles du prince de Conti, devenu fervent sans-culotte, propose à la Convention de créer un Institut national de musique (ou plutôt de renommer ainsi l'Académie royale, devenue École royale) pour donner à l'État le contrôle de la production musicale dans tout le pays. L'objectif de cette institution serait, écrit-il, de réunir les « premiers artistes de l'Europe », plutôt dans le genre des instruments à vent[2], soit environ trois cents à quatre cents musiciens, de les faire travailler pour « anéantir cet engourdissement honteux dans lequel [les arts] furent plongés par la lutte impuissante et sacrilège du despotisme contre la liberté[3] ». Ce corps de musique créerait des œuvres pour célébrer la République là où le peuple peut les entendre, et cesserait de les enfermer dans les lieux du pouvoir : « Nos places publiques seront désormais nos salles de concert. » Il faut, selon Gossec, expulser la musique de l'église et du palais, symboles des puissances féodales, mais

1. *Ibid.*
2. *Pétition pour la création d'un Institut national de musique*, lue par Sarette à la tribune de la Convention du 18 brumaire an II (AN F1007, n° 1279).
3. *Règlement de l'Institut national de musique* (extrait), 1793.

aussi démanteler les salles de concert, inventions bourgeoises. Par ailleurs, l'Institut doit fabriquer les instruments à vent, que « l'on est obligé de tirer d'Allemagne, ce qui neutralise en France une branche importante d'industrie et enlève des moyens d'existence à une partie de la nombreuse population de la République[1] » et provoque le départ des musiciens. D'autre part l'institution — c'est son objectif essentiel — empêcherait la bourgeoisie de s'emparer de la musique et de la dépraver :

« Qui donc encouragera les sciences utiles, si ce n'est le gouvernement qui leur doit l'existence qu'autrefois leur procuraient les riches et les grands, amateurs par goût et par ton ? Peut-on se dissimuler que les nouveaux riches, sortis du limon de la Révolution, sont crapuleux et ignorants, et ne répandent que les maux produits par leur insatiable et stupide cupidité[2] ? »

La mission de l'Institut serait donc de produire de la musique pour, écrit Gossec, « soutenir et animer par ses accents l'énergie des défenseurs de l'égalité, et interdire celle qui amollit l'âme des Français par des sons efféminés dans des salons ou des temples consacrés par l'Imposture[3] ». Enfin, « l'État serait propriétaire des droits sur les œuvres. [L'Institut doit] régenter toute la musique, partout, pour exciter le courage des défenseurs de la patrie et multiplier dans les départements les moyens de donner de la

1. Argumentaire de Gossec et autres (Archives nationales).
2. *Ibid.*
3. *Ibid.*

pompe et de l'attrait aux fêtes civiques ». Pour en affirmer plus encore la vocation révolutionnaire, ce corps de musique serait rattaché à la Garde nationale : « Alors la nation formera plus facilement les corps de musique qui animent aux combats nos phalanges républicaines[1]. » L'État sera propriétaire des droits sur les œuvres.

L'Institut est créé en messidor an II en remplacement de l'École royale de Musique et dans ses locaux. Quelques-uns des meilleurs artistes du temps (Méhul, Cherubini et Gossec lui-même) sont nommés à sa tête. Il est divisé en « écoles » composées chacune de quatre-vingts élèves, et doté de cent quinze professeurs. Le chant et le clavecin, trop liés à l'Ancien Régime, n'y sont pas enseignés. Les professeurs sont tenus de composer : l'Institut doit fournir chaque mois au Comité de salut public au moins une symphonie, un hymne ou chœur, une marche militaire, un rondeau ou pas redoublé, et au moins une chanson patriotique, le tout formant un cahier de cinquante à soixante pages à 550 exemplaires chacun, et envoyer 12 000 exemplaires de chants et d'hymnes patriotiques aux diverses armées de la République. Les musiciens sont salariés et ne touchent pas de droits sur leurs œuvres. La loi de 1793 est ainsi piétinée avant même d'entrer en vigueur.

Quand, quelques mois plus tard, la Terreur disparaît, ce projet de *nationalisme militaro-musical* est

1. *Règlement de l'Institut national de musique* (extrait), 1793.

oublié et l'Institut devient le Conservatoire ; la musique est de nouveau propriété des riches, ou plutôt des « nouveaux riches », ce « limon de la Révolution », « ces crapuleux et ces ignorants » dont parlait Gossec deux ans plus tôt.

LE MARCHÉ DE LA MUSIQUE

La musique et le capital

Au XIXe siècle, la musique devient clairement un marché. Encore élément anecdotique du capitalisme industriel, elle annonce déjà, par les enjeux qu'elle incarne, l'économie de l'information et la société de distraction d'aujourd'hui. Et elle intrigue déjà tous les théoriciens de l'économie, qui se demandent comment elle produit de la valeur.

Les théoriciens classiques, autour d'Adam Smith, n'ont pas beaucoup d'états d'âme à ce sujet : pour eux, comme toute autre production, une œuvre musicale ne crée de richesse que si elle augmente le salaire réel de celui qui la produit et/ou le profit de celui qui fournit le capital. En ce sens, un musicien n'est « productif » que s'il provoque la vente de partitions ou de places de concert. Autrement dit, la musique ne produit de la valeur que si son spectacle est commercialisé, et cette valeur est fonction de son prix. Mais ces économistes sont bien obligés de constater que la musique a une valeur même si elle ne crée pas de profit, et que le prix d'un billet de concert ne dépend pas de la valeur esthétique de l'œuvre jouée. Cela les amène à s'interroger sur la nature très particulière de la musique et à se résigner à admettre qu'une œuvre musicale n'a pas grand-chose à voir avec les biens qui s'échangent sur le marché. C'est une forme abstraite, un programme, une matrice, une succession d'ordres donnés à un opérateur-interprète. Elle n'obéit pas aux lois de l'économie classique : on peut la donner sans la perdre ; son usage ne la dégrade pas ; on ne perd rien à la partager ; personne n'a intérêt à être le seul à l'entendre ; sa valeur ne dépend pas du temps passé à la produire. Les économistes classiques constatent donc que la musique, qu'ils viennent de dégager et isoler en tant que production, viole toutes leurs lois ; mais sa marginalité suffit pour qu'ils se gardent de s'en inquiéter.

Marx s'est lui aussi beaucoup intéressé à la musique, comme s'il avait deviné que s'y annonçait une faille de son analyse du capitalisme. Il est d'abord obligé de reconnaître que l'art peut évoluer indépendamment de l'infrastructure économique. Il écrit dans son *Introduction à l'économie politique* : « En ce qui concerne l'art, on sait que certaines époques de la floraison artistique ne sont nullement en rapport avec l'évolution générale de la société, ni donc avec le développement de la base matérielle, qui est comme l'ossature de son organisation. » Puis il bute sur une contradiction majeure : d'après son analyse, un travailleur n'est « productif » que s'il est salarié et s'il fabrique un objet matériel ou un service vendu avec profit par des capitalistes. Un interprète n'est donc productif que s'il est le salarié d'un entrepreneur capitaliste. Un compositeur ne l'est que s'il est le salarié d'un éditeur de partitions. Marx écrit : « On ne peut pas présenter le travail du pianiste comme indirectement productif, soit parce qu'il stimule la production matérielle de pianos, par exemple, soit parce qu'il imprime plus d'énergie et d'entrain au travailleur qui écoute le récital de piano. Car seul le travail créateur de capital est productif, et donc tout autre travail, si utile ou si nuisible soit-il, n'est pas productif pour la capitalisation ; il est donc improductif. Le producteur de tabac est productif, bien que la consommation du tabac soit improductive[1]. » Il ajoute : « Une chanteuse qui chante comme un oiseau est un travailleur improductif. Lorsqu'elle vend son chant, elle est salariée ou marchande. Chanteuse engagée pour donner des concerts et rapporter de l'argent, elle est un travailleur productif, car elle produit directement du capital[2]. »

Cette description s'applique mal au cas du compositeur qui n'est ni productif ni improductif, sauf s'il est salarié d'un éditeur. Marx écrit encore : « [Les musiciens] me font face comme vendeurs de marchandises, non comme vendeurs de travail ; ce rapport n'a donc rien à voir avec l'échange de capital

1. Karl Marx, *Théories sur la plus-value*, Éditions sociales, t. I.
2. *Id.*, *Matériaux pour l'économie*, chap. II : « Travail productif et travail improductif », Gallimard, coll. « La Pléiade », t. II, p. 393.

et de travail, ni donc avec la distinction entre travail productif et travail improductif, qui ne repose que sur ceci : le travail est-il échangé contre de l'argent en tant qu'argent ou contre de l'argent en tant que capital ? Ils n'entrent donc ni dans la catégorie des travailleurs productifs ni dans celle des travailleurs improductifs, bien qu'ils soient producteurs de marchandises. Mais leur production n'est pas subsumée sous le mode de production capitaliste[1]. »

Autrement dit, alors que les interprètes, les facteurs d'instruments, les éditeurs de partitions et les organisateurs de concerts créent de la richesse, le compositeur, travailleur indépendant rémunéré par des droits d'auteur sur son œuvre imprimée et représentée, reste extérieur à une richesse qui n'existerait pourtant pas sans lui.

C'est évidemment absurde ! Marx, qui s'en rend compte, se rassure en considérant que la musique est une production marginale, sans influence sur la dynamique globale de l'économie capitaliste, pour l'essentiel soumise à la loi de la plus-value.

Au total, en même temps que le concert annonce la transformation de toute valeur en monnaie, il désigne cet étalon comme indéfendable. Parce que la représentation n'a de prix que dans un *cadre fermé* permettant la perception de droits. Parce qu'il est impossible de comparer deux œuvres par la seule quantité de travail des compositeurs et des interprètes, ou par le seul prix de la représentation. Enfin

1. *Ibid.*

parce que la valeur de la musique ne prend son sens que dans — et par — le « travail » du spectateur.

En définitive, les théories libérales et marxistes de l'économie sont incapables de rendre compte d'un monde où l'immatériel dominerait, où l'information viendrait suppléer la matière, où la valeur d'une chose ne se résumerait pas à son prix — c'est-à-dire, en somme, de rendre compte de l'essentiel des enjeux d'aujourd'hui : copie, piratage, cryptage...

Même si la représentation a pu faire croire pendant deux siècles qu'une mesure de la valeur avait un sens, que l'échange et l'usage existaient et s'ajustaient l'un et l'autre dans la valeur, la musique annonce dès le début du XIXe siècle cette insuffisance du marché, qu'on retrouve au début du XXIe. Dans la représentation, la musique s'échange pour ce qu'elle n'est pas — de la valeur — et s'use comme un simulacre : simulacre d'ordre dans l'échange, simulacre d'harmonie. Difficile à enfermer dans le cadre de la rareté. Menace de négation de l'ordre marchand, elle en est même le pire adversaire ; raison pour laquelle il la surveille si étroitement.

La bourgeoisie en musique

Après les prêtres et les princes, c'est au tour de la bourgeoisie de canaliser la violence. Rien n'est donc plus important pour elle que de s'approprier la musique.

Le processus passe d'abord par l'enterrement des utopies révolutionnaires là où elles se sont exprimées. En France, l'Institut national de musique, devenu en 1795 le Conservatoire, est peu à peu mis à l'écart pendant l'Empire. Avec la Restauration, il redevient École royale, et sa fonction n'est plus que d'alimenter en œuvres l'Opéra de Paris.

Le seul reliquat du rôle politique de la musique réside dans le choix ou la création d'hymnes nationaux qu'exige désormais la montée des nationalismes. Ce sont en général des marches militaires ou paramilitaires surgies d'une bataille, d'un concours ou de nulle part : *God Save the King*, plagié d'une mélodie de Lully ou de Purcell ; *La Marseillaise*, choisie le 26 messidor an III avant de disparaître sous l'Empire, pour ne revenir qu'avec la IIIe République ; *Stars and Stripes*, choisi en 1814, etc.

La musique reste en outre un attribut de l'identité collective des villes qui rivalisent pour attirer dans leur orchestre municipal ou leur Opéra les meilleurs musiciens et chanteurs. Les bourgeois viennent s'y montrer, rêver ensemble à leur pouvoir, y affirmer artistes, esthètes, mécènes.

Chaque famille bourgeoise veut aussi avoir de la musique. Non plus en s'offrant des concerts privés, mais en en jouant elle-même. Même si aucune femme n'est encore compositeur ou interprète — mystère sur lequel nous reviendrons —, toutes les jeunes filles « de bonne famille » se doivent de jouer du piano. Aussi, pour faire entrer l'instrument dans des appartements de plus en plus exigus, on le rend « droit » dès 1801. La jeunesse danse dans les bals, privés ou publics, sous la surveillance étroite des parents : la musique est un prétexte à la relation, à la séduction, au mariage, au sein de milieux clos. Elle est un instrument de reproduction sociale. Face à ce nouveau marché, les éditeurs poussent les compositeurs à écrire *pour* le piano. En 1806, Ricordi, le premier éditeur d'Italie, s'assure par contrat[1] qui lui garantit la propriété des adaptations pour piano de toutes les partitions d'orchestre. À côté des œuvres savantes (sonates, préludes, ballades) et des œuvres pour le bal (valses, mazurkas) s'épanouissent des formes nouvelles dans lesquelles la bourgeoisie se reconnaît pour se réunir, se distraire, afficher sa puissance : l'*opéra*, le *grand orchestre* et le *virtuose*.

L'opéra

La musique quitte le théâtre pour s'isoler à l'Opéra. Plus question de faire entendre de la musique ou de montrer de la danse pendant une pièce. On parle sans musique. On chante sans ballet. Les genres s'autonomisent.

Transformé par Glück, puis par Haydn et Mozart, l'opéra devient l'art préféré des bourgeois. Ils aiment à s'y montrer, à discuter des auteurs et des œuvres,

---

1. *Dictionnaire encyclopédique de la musique.*

à affirmer leur statut par leur capacité à y « perdre du temps ». On aménage partout des salles plus belles les unes que les autres. On se dispute les cantatrices. On dîne dans les arrière-loges pendant le premier acte. On se montre et s'exhibe à l'entracte. Les grands airs sont immédiatement célèbres et repris partout : dans les salons, les bals et les cours. Ainsi, en 1787, lors de la création à Prague du *Don Giovanni* de Mozart, quand, au dernier acte, Don Juan invite le Commandeur à dîner, l'orchestre de scène joue quelques airs à succès de l'époque tirés d'*Una cosa rara* de Martin y Soler, *Fra due Litigante* de Sarti, et « *Non piu andreï* » des *Noces* du même Mozart, dont se moque Leporello, que le public tchèque reconnaît et applaudit.

Bien qu'on aime les opéras en langue nationale, l'opéra italien est encore le plus populaire, en particulier en France. Rossini d'abord se fait connaître à Paris. Puis vient le génial Bellini, l'enfant prodige, né dans une misérable famille de Catane, venu à Paris où il écrit, en 1835, son dernier opéra, *Les Puritains*, juste avant de mourir brutalement, en pleine célébrité, à trente-quatre ans. Enfin Verdi, fils d'aubergiste inculte, rejeté par le conservatoire de Milan, adopté par la bourgeoisie toscane, rendu aussitôt célèbre par *Nabucco* en 1842 puis par *I Lombardi* où les Italiens voient l'esquisse du Risorgimento. « *La donna e mobile* » est chantée par les gondoliers de Venise peu après la première de *Rigoletto* en 1851. En 1852, on crie « *Viva Verdi* ! » dans toute l'Italie pour signifier, en fait : *Viva V*ittorio *E*mmanuelle *R*e *d'I*talia. Son art mélodique épouse un choix de textes reflétant la révolte contre les pouvoirs, prenant toujours le parti des perdants, comme en écho au romantisme nationaliste de l'époque.

Le musicien d'opéra a conscience du rôle politique qu'il joue. Wagner, qui participe de l'effort, commencé avec Mozart, d'écrire des opéras en allemand, proclame en 1848 (l'année même où paraît le *Manifeste du parti communiste* et où éclate la plus grande révolution nationale de l'histoire européenne) :

« Je veux le détruire, cet ordre qui divise l'humanité, faite pour être unie, en peuples ennemis, en puissants et en faibles, en riches et en pauvres, qui donne aux uns tous les droits et n'en concède aucun aux autres. Car cet état de chose fait qu'il n'y a au monde que des malheureux. Je veux le détruire, cet ordre établi qui transforme des millions d'êtres en esclaves d'une minorité, et fait de cette minorité l'esclave de sa propre puissance, de sa propre richesse. Je veux le détruire, cet ordre établi qui dresse une frontière entre la jouissance et le travail[1]. »

Étrange appel à la dissidence de celui qui, après les barricades de Dresde, se rangera du côté des puissants et prendra, comme l'écrit Adorno, « l'attitude du rebelle qui a trahi la rébellion ».

Berlioz appelle lui aussi à l'insurrection, à tout le moins en musique :

1. Richard Wagner, *La Révolution*, 1848.

« La musique, aujourd'hui dans la force de sa jeunesse, est émancipée, libre : elle fait ce qu'elle veut. Beaucoup de vieilles règles n'ont plus cours : elles furent faites par des observateurs inattentifs ou par des esprits routiniers pour d'autres esprits routiniers. De nouveaux besoins de l'esprit, du cœur et du sens de l'ouïe imposent de nouvelles tentatives, et même, dans certains cas, l'infraction des anciennes lois. »

Le même Berlioz, par sa théorie du chef d'orchestre, fournit le meilleur exemple de l'ambition politique du musicien et de sa fonction prémonitoire dans le nouvel ordre bourgeois...

L'orchestre et son chef

Depuis toujours l'orchestre est figure essentielle de pouvoir, attribut des maîtres de l'ordre, représentation idéalisée de l'harmonie sociale. Sa récupération par la bourgeoisie préfigure la prise de pouvoir de celle-ci sur l'évolution industrielle.

L'orchestre ne se fait plus entendre à domicile ; il n'est plus orchestre de chambre. Il doit se faire entendre de loin, dans une salle beaucoup plus vaste qu'un salon privé. Il faut, pour cela, des instruments plus puissants. Disparaissent la vielle, la flûte à bec, le cor à basset ; apparaissent le violoncelle, le hautbois, le trombone. Les musiciens sont maintenant regroupés en trois catégories (les cordes, les vents et les percussions) qu'on entasse sur la scène. Au début du XIXe siècle, les orchestres sont encore de petite taille. Jusqu'à Beethoven compris, même les symphonies sont exécutées par une cinquantaine de musiciens (une trentaine suffisent à créer *l'Héroïque* en 1804[1]). Puis, quand les dimensions des salles le permettent, on représente les mêmes œuvres avec le plus de musiciens possible. Ainsi Berlioz crée en 1837 son *Requiem*, aux Invalides, avec un effectif de trois cents interprètes ! La division du travail et le gigantisme industriel s'annoncent.

Anonymes et hiérarchisés, en général salariés, les musiciens exécutent un plan de travail, une « partition » (dont le nom est maintenant explicite : elle les partage). Chacun d'eux ne produit qu'un élément du tout, sans valeur en soi et sans signification intrinsèque : désordre et bruit. Avant qu'ils ne commencent à jouer, ils s'accordent sur le *la* du hautbois — compromis nécessaire à l'harmonie de l'ensemble. Et, pour réaliser ce compromis, ils ont maintenant besoin d'un chef.

D'abord un des musiciens dirige « depuis » son instrument : Haydn dirige ainsi plus de soixante musiciens d'un violon ou d'un clavecin. Puis la dimension de l'orchestre exige quelqu'un qui ne fasse que battre la mesure et organiser l'interprétation d'ensemble.

Visible et silencieux, donneur d'ordres sans bruit, maître désarmé de la violence, le chef n'a bientôt plus besoin de ses attributs : le bâton devient

1. Création en privé chez le prince Lobkowitz.

baguette. La technique de direction évolue de l'autorité vers l'ascendant, du spectacle vers l'influence, de l'entraînement vers la subtilité.

Le chef est alors comme un acteur qui se donne en spectacle devant deux groupes de spectateurs : les musiciens, sur lesquels il doit exercer son ascendant ; et les auditeurs qui assistent de dos au spectacle qu'il donne de face à ses musiciens.

Le public pénètre ainsi comme par effraction dans une prise de pouvoir : spectacle de spectacle, comme une sorte de voyeurisme s'exerçant sur une tyrannie, sur l'exhibition d'une domination.

Ainsi le politique donne aux citoyens le spectacle de sa capacité à maîtriser l'État.

Berlioz écrit en 1856 une théorie de ce « conducteur organisateur[1] ». Il suffirait de changer peu de mots à ce texte pour en faire une pure théorie de l'ascendant en politique :

« L'obligation pour les exécutants de regarder leur chef implique nécessairement pour celui-ci l'obligation de se laisser bien voir par eux. Il doit, quelle que soit la disposition de l'orchestre, sur des gradins ou sur un plan horizontal, s'arranger de façon à être le centre de tous les rayons visuels. Il faut au chef d'orchestre, pour l'exhausser et le mettre bien en vue, une estrade spéciale, d'autant plus élevée que le nombre des exécutants est plus grand et occupe un plus vaste espace. Que son pupitre ne soit pas

1. Hector Berlioz, *Le Chef d'orchestre, théorie de son art*, Paris, Imprimerie de J. Clay, 1856, p. 47.

assez haut pour que la planchette portant la partition cache sa figure : car l'expression de son visage entre pour beaucoup dans l'influence qu'il exerce, et si le chef n'existe pas pour un orchestre qui ne sait ou ne veut pas le regarder, il n'existe guère davantage s'il ne peut être bien vu. Quant à l'emploi d'un bruit quelconque produit par des coups de bâton du chef sur son pupitre, ou de son pied sur son estrade, on ne peut que le blâmer sans réserve. C'est plus qu'un mauvais moyen, c'est une barbarie[1]. »

En 1913, l'*Encyclopédie de la musique* de Lavignac et La Laurencie résume ainsi les qualités que doit avoir un chef : « les qualités d'un conducteur d'hommes, tâche toujours difficile, plus particulièrement délicate lorsqu'il s'agit d'artistes. »

En 1951, Fred Goldbeck compare encore — dans un traité de direction — l'orchestre à un équipage de bateau, et le chef à son capitaine :

« Il faut au dictateur des robots, mais aux capitaines des marins responsables. Le chef d'attaque commande en second ; les archets hissent les voiles ; qui dit timbalier dit timonier. Ceci, soit dit en passant, explique l'échec des “orchestres sans chef” : un bon équipage sans capitaine pourra à la rigueur naviguer dans les eaux territoriales de routine ; en pleine mer, il faudra que quelqu'un commande, car il y a toujours de l'imprévu, ou bien alors il faudra naviguer avec une excessive et navrante prudence. Notre héros, il faut l'espérer, sera un capitaine de la

---

1. Hector Berlioz, *Le Chef d'orchestre*, *op. cit.*

bonne sorte : sachant boire sec et jurer ferme, et craindre Dieu à la façon de tous les mortels qui ne se laissent pas tourneboulér par quelque excès d'orgueil[1]. »

Parmi les spectateurs, beaucoup s'identifient à ce maître de l'ordre. Ils n'ont d'yeux que pour lui, il est l'image de ce qu'ils voudraient ou veulent être.

D'autres trouvent insupportable son « monologue », son art de s'attribuer les mérites d'une œuvre collective. Ils ne peuvent s'identifier à ce parasite silencieux qui leur tourne le dos. *Tel est le rôle essentiel du concerto* : un soliste — d'abord au violon, puis au piano —, bien que musicien parmi les autres, dialogue, face au public ou de profil, d'égal à égal avec le chef et avec tous les autres musiciens réunis. Ce dialogue met en scène l'espoir de chacun d'être différent, de défier le pouvoir, de le faire taire, de lui voler la vedette.

Pour dresser le spectateur, lui apprendre son rôle, défendre ce qui mérite de l'être contre les détracteurs intervient aussi la « claque » (le mot apparaît en 1801) qui ne s'effacera que lorsque l'éducation du public sera faite, lorsque la demande de représentation sera établie. Dans la salle, en applaudissant, le public participe en fait à la métaphore du meurtre rituel du musicien.

Le *politique*, la *vedette*, la *masse* : tout l'appareil social de gestion de la violence est en place.

1. Fred Goldbeck, *Le Parfait Chef d'orchestre*, PUF, 1951.

Généalogie de la vedette : l'interprète

Avec la croissance économique, tout au long du XIXe siècle, augmente le nombre de spectateurs solvables et explose le nombre de concerts. En France, *Le Ménestrel*, journal musical des années 1840, écrit qu'il lui est impossible de les signaler tous. Les spectacles sont dès lors en concurrence : on peut choisir, chaque mois, voire chaque semaine, dans les plus grandes villes d'Europe, entre plusieurs concerts publics. Ce qui déclenche un processus de sélection au terme duquel ne survivent que ceux des musiciens qui s'adaptent le mieux aux exigences du spectacle.

S'élargit d'abord la distinction entre interprète et compositeur, entre jongleur et ménestrel : l'un vend sa virtuosité, l'autre, sa créativité. Comme un spectacle n'attire les spectateurs que s'il leur procure des émotions fortes, l'œuvre doit être *spectaculaire* ; les compositeurs écrivent alors des partitions qu'ils ne peuvent plus jouer eux-mêmes. Les instruments deviennent plus difficiles à maîtriser : le clavier du piano s'élargit pour atteindre quatre-vingt-huit touches, soit six octaves et demie en 1817.

Au milieu du siècle, il y a encore peu d'interprètes professionnels, et leur marché reste étroit ; les voyages prennent du temps ; une tournée laisse à l'artiste le loisir d'écrire, s'il compose aussi, et de connaître son public. Celui-ci, fait de la bourgeoisie de toutes les provinces, laquelle n'entendra jamais qu'une ou deux interprétations d'une même œuvre, ne peut les comparer ni standardiser ses critères esthétiques. Il commence cependant à se choisir des « vedettes ». Le mot vient de l'italien *vedetta* qui désigne au XVIe siècle l'observatoire, puis la sentinelle isolée ; en 1826, on parle d'« avoir la vedette ». Le substantif « vedette » ne s'installe qu'à la fin du XIXe siècle.

Les premiers virtuoses célèbres — Nicolo Paganini, Gottschalk et le fils de l'intendant du prince Esterházy, Franz Liszt — sont demandés partout : en 1844, Liszt donne en quinze jours six concerts à Lyon. Gottschalk en donne entre soixante-dix et quatre-vingts par an. Tous perçoivent de substantiels cachets et sont parfois intéressés à la recette.

Pour la première fois dans l'histoire de la musique, on joue des œuvres écrites à des époques antérieures. À partir de 1830, à l'occasion du centenaire de la *Passion selon saint Matthieu*, Liszt et Mendelssohn interprètent en concert la musique de Bach. Se constitue ainsi peu à peu un vaste *répertoire*. À Leipzig, la part des compositeurs morts dans les programmes des concerts passe de 10 % en 1790 à 80 % en 1890[1]. Comme si les bourgeois voulaient revivre par la musique le pouvoir passé des seigneurs ; comme si, tout occupés à construire l'avenir, ils voulaient aussi s'approprier la mémoire, se donner une histoire. Comme s'ils pressentaient

1. Herman et Sabbe, *La Musique et l'Occident*, Mardaga, 1998.

l'insuffisance de leurs propres systèmes de gestion de la violence et de canalisation de l'imaginaire.

Les éditeurs prennent alors le risque de commander à des compositeurs des œuvres nouvelles. D'abord pour le marché des virtuoses amateurs à l'intention de qui les compositeurs écrivent des quatuors et des quintettes. Beethoven dédie ainsi ses quatuors opus 59 au prince Razumovski, ambassadeur de Russie à Vienne et excellent violoniste. Ensuite, pour les « jeunes filles de bonne famille », des choses plus simples. Muzio Clementi, éditeur de musique londonien, écrit ainsi en 1807 à son associé pour lui annoncer les commandes passées à Beethoven — essentiellement des œuvres pour piano. Le ton n'est plus celui du seigneur imposant des règles au ménestrel, mais de l'épicier passant commande à un fournisseur :

« Avec un peu d'adresse et sans m'engager personnellement, j'ai enfin fait la conquête de cette “beauté hautaine” : Beethoven. Je me suis mis d'accord avec lui pour prendre trois quatuors, une symphonie, une ouverture, un concerto pour violon, qui est très beau et que, sur ma demande, il va adapter pour le piano, avec ou sans clés additionnelles, et un concerto pour piano, le tout pour 200 livres sterling. Nous ne possédons toutefois les droits que pour l'Empire britannique. Un courrier est parti aujourd'hui pour Londres, qui apportera deux ou trois des articles mentionnés. Il se charge lui-même d'adapter le concerto pour violon, il l'enverra dès qu'il pourra. Les quatuors et le reste, vous pourrez les confier à Cramer ou à quelqu'un d'aussi dégourdi qui les adaptera pour le piano. La Symphonie et l'Ouverture [la *Quatrième* et *Coriolan*] sont remarquables, je crois donc que j'ai fait une bonne affaire. Qu'en pensez-vous ? Je lui ai conseillé d'écrire deux sonates et une fantaisie pour piano, qu'il remettra à notre maison pour 60 livres (vous remarquerez que j'ai traité en livres et non en guinées). Bref, il a promis de ne traiter avec personne d'autre que moi pour les Dominions britanniques. Au fur et à mesure que vous recevrez ses compositions, vous lui paierez la somme proportionnelle. Je rappelle qu'il considère le tout comme consistant en six articles : trois quatuors, une symphonie, une ouverture, un concerto pour piano, un concerto pour violon et l'adaptation dudit concerto, pour lesquels il doit recevoir 200 livres[1]. »

Beethoven, alors le plus célèbre musicien d'Europe malgré l'échec de sa *Cinquième Symphonie*, se plaint de cette situation : « Je n'écris pas ce que je veux, mais ce que je dois, pour de l'argent. Ce qui ne veut pas dire que je n'écrive que pour l'argent[2]. »

Au début du siècle, les compositeurs, on l'a vu, ne tirent encore aucun revenu des concerts donnés par les interprètes à partir de leurs œuvres. Ils vivent de la vente de leurs droits aux éditeurs, de leçons et de concerts. Chopin, par exemple qui, malgré sa célébrité mondaine, vit de ses leçons bien plus que

1. Lettre de Muzio Clementi citée dans *Letters of Composers*, *op. cit.*, p. 65.
2. A.-M. Green, *op. cit.*

de ses rares concerts, et encore moins de la vente de ses partitions, analyse très lucidement cette situation :

« Aujourd'hui, j'ai renoncé à mes espoirs illusoires, et je dois songer à me tailler une place dans le monde en tant que pianiste, et remettre à plus tard de plus hautes ambitions artistiques. Il y a beaucoup d'élèves talentueux du Conservatoire de Paris qui attendent, en se tournant les pouces, que soient joués leurs opéras, leurs symphonies ou leurs cantates. Pour l'instant, seuls Cherubini et Le Sueur en ont pris connaissance, sur le papier [...]. En Allemagne, je suis déjà connu comme pianiste. Certains journaux parlent de mes concerts en exprimant l'espoir de me voir prendre une place parmi les virtuoses de l'instrument. Aujourd'hui, j'ai des opportunités inégalables. Pourquoi ne pas les saisir ? [...] Ries a obtenu plus facilement ses lauriers pour sa *Braut* à Berlin et à Francfort, parce qu'il était connu comme pianiste. Combien de temps Spohr n'a-t-il été connu que comme violoniste avant d'écrire *Jossonda*, *Faust*, etc. ? »

Certains compositeurs, considérant l'interprétation comme une activité secondaire, s'y refusent obstinément. Bizet écrit en ce sens :

« Je joue très bien du piano et j'en vis mal, car rien au monde ne pourrait me décider à me faire entendre du public. Je trouve ce métier d'exécutant odieux ! Encore une répugnance ridicule qui me coûte une quinzaine de mille francs par an. Je me fais entendre quelquefois chez la princesse Mathilde et dans quelques maisons où les artistes sont des amis et non des employés[1]. »

Rares sont les musiciens à ne pas dépendre, tel Mendelssohn, de ce genre de contraintes pour créer.

Le conflit tend à s'aiguiser entre compositeurs et interprètes. Chacun jalouse l'autre. Tel pense que tel autre lui vole la vedette. En 1840, Wagner donne libre cours à sa colère devant les caprices de ses interprètes :

« Toute composition musicale doit se résigner, pour avoir sa part des suffrages publics, à servir d'instrument et de prétexte aux expériences capricieuses des exécutants. Le musicien qui veut aujourd'hui conquérir la sympathie des masses est forcé de prendre pour point de départ cet amour-propre intraitable des virtuoses, et de concilier avec une pareille servitude les miracles qu'on attend de son génie [...]. C'est surtout dans la profession du chant que l'abus que nous signalons a pris un empire pernicieux[2]. »

Puis le spectacle marchand étend son champ ; d'autres marchés s'ouvrent à lui : le peuple devient consommateur de distraction payante et accepte de se laisser enfermer dans des salles pour qu'on lui vende *sa* musique.

1. Mina Curtis, *Bizet et son temps*, Paris, 1961.
2. R. Wagner, « Du métier de virtuose », article de la *Revue et Gazette musicale*, 18 octobre 1840.

Généalogie de la vedette populaire

Le développement des classes moyennes et ouvrières ouvre à la musique populaire un nouveau marché solvable. Elle n'est plus seulement, pour la bourgeoisie, menace politique ; elle devient source de profit. Le pouvoir organise alors avec prudence son entrée dans la marchandise. Comme il se méfie de l'Opéra, repaire des bourgeois nationalistes et républicains, de même il craint les lieux où le peuple peut se réunir sous prétexte d'écouter des chansons ou de danser.

Mais le peuple des villes a besoin de musique ; les paysans devenus ouvriers aspirent à retrouver leurs jongleurs, leurs conteurs, les musiciens de leurs villages. N'ayant plus de lieux gratuits où les entendre, ils sont prêts à payer pour retrouver les représentations de cette vie rurale dans les *bals, fêtes foraines, cirques, cabarets* et *cafés-concerts.*

Dans les bals, on tente de reconstituer les fêtes de village ; les musiciens jouent des airs traditionnels ; on danse aussi sur des airs provenant des soirées de riches : valses et mazurkas. Ainsi se forment les couples — sous le regard attentif des parents — chez les ouvriers comme chez les bourgeois. Les musiciens ambulants, qui se produisent gratuitement dans les rues et les bals, vivent de la vente d'un livret de paroles à chanter sur quelques thèmes ou

« timbres[1] » assez connus pour pouvoir être repris en chœur par un public sans connaissances musicales (ainsi des refrain et couplets de *Cadet Roussel* ou de *Fanchon*). Ces musiciens ambulants sont comme des attractions de foire ; leurs instruments sont pour l'essentiel des machines automatiques, transportables et spectaculaires (l'orgue de Barbarie, l'orgue d'Allemagne), équipées d'automates dansant sur une scène, jouant des œuvres enregistrées sur des bandes perforées, *ancêtres de l'ordinateur*, premières machines programmées. D'autres instruments sont réservés à certaines catégories : la clarinette aux aveugles accompagnés de chiens, la guitare aux chanteurs les plus recherchés, les Italiens, entonnant des *caravine*, etc.

Ces musiciens de rue et de bal sont parfois adulés des gens du peuple qui voient en eux des chantres de la révolte ; ils sont parfois aussi rejetés quand les foules les soupçonnent d'espionner pour le compte de la police. Celle-ci les a à l'œil. « Sous le gouvernement de la Restauration, on accusait les joueurs d'orgue d'avoir de honteuses accointances avec la police politique du royaume ; on prétendait qu'ils étaient payés pour aller se poster devant les lieux qu'on voulait espionner. » En 1834, en France, la monarchie de Juillet met même en œuvre un projet remontant à l'Ancien Régime : une loi exige des chanteurs des rues le port d'une médaille octroyée

1. En 1811, un journal, *La Clé du Caveau*, répertorie 2 350 timbres, dont une centaine seulement sont vraiment utilisés.

par la police. L'année suivante, Émile Fétis, directeur de la *Revue musicale*, qui joue un rôle important dans ce « dressage » de la musique populaire, propose d'en faire des fonctionnaires municipaux :

« Le gouvernement pourrait améliorer beaucoup la musique des rues de Paris et prendre une haute influence sur la direction des jouissances morales que procurent au peuple les musiciens ambulants. Ce serait son devoir. Moyennant de très faibles rétributions, il aurait à sa solde un nombre considérable de musiciens pourvus d'instruments toujours d'accord, et qui n'exécuteraient que de bonnes musiques. Les chanteurs, doués de voix mâles et puissantes, ne feraient entendre au peuple que des hymnes patriotiques et des chansons dont les paroles, sévèrement chastes, célébreraient les nobles vertus et les actions généreuses dont il a le sentiment naturel. Au lieu de chanter l'ivresse du vin et la volupté des passions brutales, on lui vanterait l'amour du travail, la sobriété, l'économie, la charité, et par-dessus tout l'amour de l'humanité[1]. »

Tout est dit : de l'esthétique comme contrôle politique, du détournement de la musique populaire pour imposer des normes sociales. Transformer les jongleurs en ménestrels pour maîtriser la violence du peuple...

Dans les manèges des fêtes foraines et dans les cirques, les paysans devenus ouvriers trouvent des représentations des animaux de la ferme, des acro-

1. *Revue musicale* n° 37 (1835).

bates, des jongleurs et des orchestres. (Ainsi commencent par exemple, dans un cirque, les concerts Pasdeloup !)

Hors des bals et des foires, on veut aussi écouter de la musique là où l'on vient manger et boire. D'abord dans les cabarets, puis dans les « goguettes » et les cafés-concerts ou caf' conc'. Là, bourgeoisie et peuple vont se rencontrer.

Encore une fois, la France — et Paris — joue un rôle particulier dans cette évolution. À partir de 1813, des « hommes d'esprit » d'extraction plutôt bourgeoise se retrouvent le 20 de chaque mois dans un « cabaret » — le mot vient du flamand où il sert à désigner une chambre —, *Au Caveau*, rue Montorgueil. Au cours du repas, chacun doit chanter une chanson de sa composition, en général innocente et sans portée politique. Entre eux ils se nomment « chansonniers ». Le propriétaire du lieu, M. Baleine, a l'idée de louer les cabinets particuliers voisins à des bourgeois désireux d'entendre ces chanteurs et poètes amateurs. Énorme succès ! Les chanteurs se font alors rémunérer, au moins pour payer leur repas. Chacun tire son bénéfice. Les associations entre chanteurs et cabaretiers se multiplient.

Sous la Restauration, dans un milieu plus populaire, se développent à partir de 1829 des « goguettes » — le nom vient de l'ancien français « gogue », qui veut dire « réjouissance » —, associations d'ouvriers-poètes, d'anciens grognards, de chansonniers du peuple se réunissant pour chanter leur regret de Waterloo et leur nostalgie de l'Empire dans des salles qui prennent le nom de leurs associations : la Ménagerie, les Infernaux, la Lice chansonnière, les Bons-Enfants, la Camaraderie... Quand y vient du public, les chanteurs font la quête ; leur succès est immédiat et considérable. À la différence des chansons des cabarets, celles des goguettes sentent très vite la poudre : elles dénoncent la police politique et réclament ouvertement le retour à l'Empire ou à la République. Quand ces textes sont diffusés dans toute la France par des colporteurs, la police s'en mêle et met le holà. Sous Louis-Philippe, une des vedettes de *La Ménagerie*, Charles Gille, écope de six mois de prison ; d'autres chansonniers du peuple tombent sur les barricades de 1848.

Désormais donc, ouvriers et bourgeois se croisent — ou plutôt se frôlent — dans les lieux publics, comme ils ne le faisaient plus depuis bien longtemps, pour écouter la même musique. Les ouvriers s'approchent de la musique savante en venant écouter des opérettes au « poulailler » (le mot date de 1834), tandis que la bourgeoisie s'encanaille à des spectacles payants de chanteurs populaires ou de chansonniers dans les goguettes et dans de nouvelles salles de spectacle.

En 1846, au *Café des Aveugles*, on donne les premiers « concerts » de musique populaire destinés aux bourgeois : ainsi débute le café-concert. Les chanteurs se produisent sur une estrade reposant sur deux tonneaux ou circulent entre les tables. Ils ne sont pas rétribués par la direction de l'établissement, mais font la quête et vendent des exemplaires de leurs chansons. Dans *Viens poupoule*, on peut ainsi entendre : « Le samedi soir après le turbin, / l'ouvrier parisien / dit à sa femme : "Comme dessert j'te paie l'café-concert."[1] »

Sous le Second Empire, la police, sous couvert de contrôle du droit de réunion, ferme la plupart des « goguettes » ouvrières ; une des plus connues, *La Lice chansonnière*, reste ouverte sans jamais cesser d'arborer à son entrée la cocarde tricolore, pourtant strictement interdite ailleurs. Les caf' conc' sont en revanche tolérés par le pouvoir et se multiplient, quoique très surveillés par la police. En 1870, on en dénombre plus de cent à Paris. Un public jeune et ouvert y est désormais habitué. La bourgeoisie industrielle et l'élite intellectuelle ne fréquentent que ses coulisses et ses alcôves.

La « bohème » étudiante et bourgeoise continue de se retrouver dans les cabarets où le peuple ne va pas. Les chansonniers modèlent leurs textes sur leurs publics. Comme, à midi, à l'entrée des usines, les cousettes[2] chantent, partition en main, sous la direction d'un chanteur de rue, d'innombrables couplets célèbrent leurs vertus. Il y a des comiques grimés (Polin, Dranem, et plus tard, à ses débuts, Maurice Chevalier) et des chanteurs « tristes » de mélos « qui mettent en scène la fille-mère, le bourgeois corrompu, le soldat sacrifié, le travailleur honnête, le marin dans les flots, le séducteur infâme et l'ivrogne

1. *Cf.* Georges Coulonges, *La Chanson en son temps*, Éditeurs français réunis, 1969.
2. *Ibid.*

tour à tour tyran et victime », écrit Georges Coulonges. Après la guerre de 1870, on y entend des chansons patriotiques ; pendant la crise de 1890, elles sont remplacées par des couplets socialisants ou anarchistes.

En 1881 est créé *Le Chat noir* de Rodolphe Salis, où l'on entend Maurice Donay, Jean Richepin, Eugène Pottier, Jean-Baptiste Clément et Gustave Nadaud, sans doute le plus grand et le plus prolifique auteur de chansons du XIXe siècle avec Béranger. En 1889 est ouvert *Le Moulin-Rouge*.

La musique circule : de nombreuses chansons de cabaret deviennent ensuite des succès de caf'conc'. C'est du cabaret que sort *Le Temps des cerises*[1], qui fera la fortune des chanteurs de rue. Commencent aussi les revues et le music-hall. De cette époque date le « tube », qu'on appelle alors une « scie » — par dérivation d'un mot de l'argot ouvrier désignant une blague d'atelier. Des tournées élargissent le marché des chanteurs parisiens aux caf'conc' de province. Les chanteurs deviennent des « vedettes ». La première est une certaine Thérésa. Paulus acquiert une fortune colossale avant de retomber dans la misère. Pour la première fois, avoir une clientèle populaire devient un moyen de faire fortune. Les intellectuels n'apprécient pas cette évolution : les poètes respectent les chanteurs de cabaret mais méprisent les auteurs de chansons de café-concert. Dans une lettre-préface aux *Nouvelles chansons*

1. Paroles de J.-B. Clément.

rouges d'un auteur célèbre à l'époque, Maurice Boukay, Sully Prudhomme écrit :

« La chanson proprement dite, dépositaire de la verve essentielle au vieux fond de notre caractère national, la chanson populaire, expression du génie familier de la France, est tombée, dans les cafés-concerts, au dernier degré de la bêtise polissonne. Les lèvres les plus fines ont prêté leur grâce audacieuse à cette déchéance, qui serait aujourd'hui consommée, en dépit du vénérable *Caveau*, si vous et vos amis, les poètes chansonniers de Montmartre et du *Chat noir*, n'aviez triomphalement régénéré la gaieté parisienne qui rayonne au loin. »

Les « chansons rouges » de M. Boukay ne l'empêchent pas de devenir, en 1911, sous son vrai nom de Maurice Couyba, ministre du Commerce de Joseph Caillaux — montrant ainsi, si c'était encore nécessaire, l'infinie variété des relations entre musique, pouvoir et argent.

L'économie de la représentation : la SACEM

Avec la séparation de l'interprète et du compositeur apparaît une question nouvelle : comment assurer le paiement des droits de l'auteur d'une œuvre jouée devant un public payant par un autre que l'auteur ?

Pour les œuvres dramatiques et la musique classique, le principe du paiement de droits d'auteur est admis depuis le début du siècle. En France, par exemple, le Code pénal de 1810, reprenant la loi inappliquée de 1791, reconnaît les droits des auteurs (et de leurs héritiers pour cinq ans) sur les « œuvres dramatiques », c'est-à-dire sur les œuvres littéraires imprimées et les partitions d'œuvres musicales.

Mais, faute de moyens de contrôle, la loi n'est pas appliquée. Et personne ne songe à se faire rémunérer pour une représentation d'une de ses œuvres. De surcroît, les œuvres dramatiques — surtout les airs d'opéra — sont plagiées dans des chansons populaires ou des airs de bal ; et il n'est guère possible de les protéger si l'auteur de la contrefaçon a transformé le rythme pour l'adapter à la danse. Par exemple, l'un des auteurs d'opéras les plus pillés, Rossini, n'arrive pas à obtenir le respect de ses droits devant les juges. Le 30 mai 1827, le tribunal de la Seine ne voit aucune contrefaçon « en deux ou trois contredanses puisées dans la partition du *Siège de Corinthe* de Rossini, mais un simple plagiat dès lors que l'auteur en a transformé le rythme de manière à l'adapter à un quadrille que l'auteur de l'opéra n'avait pas lui-même réalisé ». Il n'y a donc pas eu, dit le tribunal, de préjudice pour Rossini, ni de faute de son contrefacteur « dès lors que Rossini n'avait publié ni fantaisie ni quadrille sur la même œuvre » !

Pour ce qui est des chansons, nul n'accepte d'appeler « œuvres » de simples lignes mélodiques aux paroles changeantes, et aucun droit n'est donc versé à leurs auteurs.

Curieusement, si c'est en Angleterre que débute au XVIIIe siècle le concert, c'est en France que s'organise au XIXe le contrôle de sa commercialisation. Avec la croissance économique et le développement urbain, un marché commence à se mettre en place pour les créateurs de chansons et leurs éditeurs en cas de représentation de ces airs par un chanteur. C'est là une double première : d'une part, il s'agit de faire payer le prix d'une information sans que celui qui l'a produite soit partie à l'échange ; d'autre part, une distraction ouvrière devient source de profit pour des capitalistes.

Ce qui commence avec la musique au milieu du XIXe siècle est donc, en fait, annonciateur de ce qui se généralisera, avec les loisirs, à un très grand nombre d'autres secteurs de l'économie du XXIe siècle.

L'anecdote à l'origine de cette double première mérite d'être contée.

Au début de 1848, un auteur de chansons, Émile Bourget, et deux auteurs de comédies, Paul Henrion et Victor Parizot, assistent, au caf'conc' des *Ambassadeurs*, à un spectacle dans lequel ils entendent, avec surprise et révolte, une chanson du premier et un sketch des seconds, interprétés sans leur accord par un chanteur et des comédiens. La représentation terminée, ils refusent de payer leur addition, réclamant le paiement de leurs droits d'auteur. « Vous utilisez notre travail sans nous payer, il n'y a pas de raison pour que nous payions votre service. » Désaccord du propriétaire du caf'conc'. Un procès s'ensuit, au cours duquel les trois auteurs, financés par l'éditeur Jules Colombier, réclament l'application à leurs « œuvres » de la loi de 1791 sur les droits d'auteur. Le 3 août 1848, le tribunal d'instance leur donne raison. Jugement confirmé par la Cour d'appel, le 26 mars 1849. C'est la première reconnaissance de la musique populaire comme œuvre digne de protection :

« Considérant que la loi ne mesure pas la protection à la longueur des productions ; que ses dispositions sont générales ; qu'elles ont pour objet et pour but de conserver le droit de l'homme sur sa pensée et de récompenser les travaux qui honorent l'intelligence [...] ; que ce principe mérite d'autant plus de respect qu'une propriété que le juge pourrait, au gré de son caprice, et selon l'appréciation du moment, reconnaître ou nier cesserait en réalité d'être une propriété ; et que, d'autre part, la faculté conférée aux tribunaux de prendre pour règle de décision les dimensions de l'œuvre usurpée conduirait aux plus criantes injustices... »

Autrement dit, toute représentation publique d'une œuvre, *quelle qu'elle soit*, ne peut avoir lieu sans le consentement financier et moral de l'auteur ou de son représentant à qui elle doit apporter une rémunération indépendante des autres frais (salaire de l'interprète, rémunération de l'éditeur de la partition, fiscalité), même en cas de spectacle gratuit ou déficitaire.

Cette décision aurait pu rester lettre morte, comme c'était encore le cas pour la musique savante. Pour la faire respecter, il faudrait pouvoir contrôler les représentations. Aucun auteur ne saurait le faire seul en raison de la multiplicité des lieux de représentation possibles. Inversement, aucun organisateur de spectacles ne pourrait traiter directement avec tous les auteurs et compositeurs.

Émile Bourget, Paul Henrion, Victor Parizot et Jules Colombier décident alors de fonder, le 11 février 1850, le Syndicat des auteurs, compositeurs et éditeurs de musique (SACEM), première institution mondiale de ce type, dont la fonction est d'exiger, au nom des auteurs et des éditeurs, le paiement de droits pour toute exécution publique et commerciale d'une œuvre, quelle qu'en soit la nature et quel qu'en soit le lieu. Ils reprennent là ce qu'avait tenté en vain Beaumarchais pour les écrivains avant la Révolution, et ce que la loi du 8 mars 1791 avait voulu mettre en œuvre en créant sur le papier le Bureau de perception des droits des auteurs et compositeurs dramatiques.

La naissance de la Sacem est ressentie par certains secteurs de la bourgeoisie comme une atteinte à ses privilèges : seule, jusque-là, elle avait droit d'entretenir des rapports financiers avec la musique. L'argent était son royaume ; le peuple, lui, ne devait bénéficier d'autre chose qu'une musique de rue ou de bal. La bourgeoisie ne fait donc rien pour favoriser la reconnaissance de la nouvelle institution, et la méprise. La réaction va du silence de la *Revue musicale* à la vindicte de *La France musicale* ainsi exprimée dès 1850 :

« Voici qui est nouveau. Il vient de se former une agence pour la perception des droits des auteurs, compositeurs et éditeurs de musique. C'est M. P. Heinrichs [*sic*] qui est l'inventeur de cette nouvelle industrie dont le but est tout simplement de percevoir ou faire percevoir des droits sur les romances, ariettes, chansonnettes, pots-pourris à l'usage des salons et des concerts. Ainsi, désormais, on ne pourra plus donner une romance sans être exposé à être pris au collet sous peine d'attentat à la propriété [...]. Est-il possible que des hommes sérieux emploient leur temps à de pareilles sornettes ? Quoi ! C'est dans un moment où il faut proclamer bien haut la liberté de la pensée, où l'art doit entrer dans le cœur des masses par le dévouement et surtout par le désintéressement, qu'on vient soulever une question aussi puérile que ridicule ! Imposer les chanteurs de romances... En vérité, on n'a jamais poussé aussi loin l'absence de sens commun. Si ce projet pouvait avoir des suites, nous le combattrions jusqu'à ce qu'il fût réduit à néant. Faites des opéras, des symphonies, des œuvres, en un mot, qui laissent des traces ; des droits vous sont acquis ; mais vouloir imposer des chansonnettes et des romances, c'est le comble de l'absurde[1] ! »

Quand Napoléon III prend le pouvoir, il laisse la Sacem se mettre en place — pour remercier, dit-on, certains compositeurs de chansons bonapartistes de l'aide qu'ils lui auraient apportée — alors même que,

1. *La France musicale*, n° 10, 10 mars 1850.

on l'a vu, dans le même temps, il fait fermer les goguettes et impose une législation très restrictive sur les cafés-concerts restés républicains.

S'ouvre alors un réel marché pour l'exécution publique de chansons. Intéressés à la représentation d'œuvres populaires, les éditeurs en deviennent les promoteurs et font écrire des chansons et imprimer des partitions de musique populaire (paroles et ligne de chant sur deux feuillets qu'on nomme « petit format »). Ils soutiennent caf'conc' et cabarets, et financent des cours où un pianiste fait répéter les nouveautés à des interprètes qui vont ensuite les chanter à travers le pays. L'édition musicale suscite même la création de journaux spécialisés dans la musique populaire. En 1891 est créé le *Gil Blas illustré*, hebdomadaire dont chaque numéro contient le texte et la ligne mélodique d'une chanson. Les éditeurs de musique en viennent à constituer une vraie puissance dans la musique ; ils imposent des artistes aux patrons de cabarets et certains d'entre eux deviennent même entrepreneurs de spectacles.

La France est ainsi le premier pays où les droits des auteurs sur la reproduction écrite et sur la représentation de la musique sont efficacement protégés par le juge, même s'il faut attendre 1957 pour que la loi entérine en ces termes la jurisprudence : « L'auteur d'une œuvre de l'esprit jouit sur cette œuvre, du seul fait de sa création, d'un droit de propriété. »

Partout en Europe se créent des sociétés d'auteurs sur le modèle de la Sacem. Les établissements qui font payer pour entendre de la musique (bals, cirques, Opéras, cabarets, caf'conc', salles de concert) doivent leur fournir la liste des œuvres exécutées et payer une redevance proportionnelle à leurs recettes, indépendante de la notoriété des auteurs et de la qualité des œuvres. Les propriétaires des salles, où la musique ne sert que de bruit de fond (bars, restaurants, etc.) doivent payer un forfait. Les droits sont ensuite répartis entre le compositeur de la musique, l'auteur des paroles et l'éditeur, en général par tiers égaux. Aux États-Unis, la rémunération des auteurs est plus faible : une salle ne paie de droits que pour un concert payant et ne reconnaît pas le droit moral. En URSS, les auteurs ne perçoivent aucun droit lorsque « l'intérêt du pays le justifie ». Dans l'un et l'autre cas, les auteurs sont les victimes du pouvoir, de l'argent ou de la politique.

La réduction de la musique au statut de marchandise annonce une bataille plus ample encore pour la rémunération des auteurs *de toute innovation*. Lorsque le créateur — le *matriceur* — est identifiable, il demande que son travail soit rémunéré comme une rente. En général, le capital, l'État et le consommateur tentent de le lui refuser. Ainsi les premières automobiles sont signées de carrossiers produisant des modèles en nombre limité et rémunérés suivant le principe du droit d'auteur.

Puis l'économie de la représentation ne suffit plus : la société a besoin de vendre plus, de produire plus. Il faut pouvoir entasser des représentations. Et, pour cela, d'abord les enregistrer.

Le combat de Carnaval et de Carême tourne alors à l'avantage du second...

LA DÉRIVE VERS LA RÉPÉTITION

La rupture de la combinatoire : l'anti-harmonie viennoise

À la fin du XIXe siècle, le champ de la musique harmonique est entièrement exploré ; la représentation ne suffit plus à toucher un public assez vaste. Il faut d'autres musiques, d'autres formes de diffusion.

L'immense champ combinatoire ouvert par le système tonal est exploité jusqu'à la démesure. L'exacerbation romantique de l'individualisme a poussé les musiciens à une conscience de plus en plus aiguë des divergences entre leurs créations et le monde — à la dissonance. La création musicale s'emballe et explose, avant même la discontinuité politique que, d'une certaine façon, elle prépare. Elle annonce un déclin, une rupture, une désacralisation de la musique, l'entrée en scène du non-formel, du non-institué, du non-représentatif ; l'angoisse du retour à la violence. L'harmonie, principe d'organisation du réel, après avoir créé le romantisme, principe utopique du réel, cède la place à une exaltation dissonante de la mort dans l'art. À l'harmonie naturelle fondée sur la résonance se substitue une harmonie fondée sur des artifices formels.

Tout commence avec Richard Wagner qui substitue à l'air fermé la recherche d'une continuité mélodique tout en soumettant son langage musical à des tensions harmoniques de plus en plus extrêmes. *Tristan et Yseult* marque le commencement de la fin de la musique tonale.

Gustav Mahler confirme cette dissolution de la tonalité et l'intégration du bruit à l'organisation musicale. En 1908, à Vienne, une œuvre de Schoenberg, *Le Livre des jardins suspendus*, annonce la musique atonale qui brise les règles et contraintes de l'harmonie, et organise l'équivalence des douze demi-tons de l'échelle chromatique. La même année, *Le Sacre du printemps* introduit le rythme et superpose des tonalités.

Cette évolution de la musique reflète le déclin d'une bourgeoisie dont elle est le médium le plus caractéristique[1]. Pour Adorno, le capitalisme ne peut plus endiguer les dissonances, expression de la souffrance des exploités. La musique se doit d'être de plus en plus dissonante si elle veut rester exaltante : « Ce n'est que dans la dissonance, qui enlève leur foi à ceux qui croient en l'harmonie, que survit la puissance de séduction du caractère excitant de la musique[2]. » Le refus de l'harmonie par les classes

1. Theodor Adorno, *Philosophie de la nouvelle musique*, 1962.
2. *Id.*, *Dissonanzen*, Göttingen.

Le combat de Carnaval et de Carême
Pieter Bruegel, dit l'Ancien

Kunsthistorisches Museum, Vienne, Autriche

moyennes annoncerait aussi leur refus de l'ordre social existant.

Presque tout cela se joue à Vienne au moment même où voient le jour en Europe les premiers défilés du 1er Mai, où sont peintes *Les Demoiselles d'Avignon* et où se font entendre les appels de la revue du *Cavalier bleu* à l'émancipation de la dissonance[1].

Un très singulier milieu de mécènes mène alors la musique au bout des possibles. Dans *Le Monde d'hier*, souvenirs rédigés à l'époque la plus sombre de son émigration, Stefan Zweig décrit admirablement ce processus :

« Immense est l'apport de la bourgeoisie juive à la culture allemande, par son concours propre et par son mécénat. Elle était le public, elle remplissait les théâtres, les salles de concert, elle achetait les livres, les tableaux, elle allait dans les expositions, et, grâce à sa mobilité intellectuelle plus grande et moins encombrée par la tradition, elle jouait partout le rôle de mécène et de pionnier du nouveau. Presque toutes les grandes collections d'art avaient été constituées par elle, presque toutes les expériences artistiques n'avaient été possibles que grâce à elle : sans cet intérêt toujours stimulant de la bourgeoisie juive, à cause de l'indolence de la Cour, des goûts de l'aristocratie et des millionnaires chrétiens qui préféraient les haras et les chaises à l'encouragement des arts, Vienne venait politiquement derrière l'Empire alle-

1. Stefan Zweig, *Le Monde d'hier*, Albin Michel, 1948.

mand. Celui qui voulait imposer quelque chose de nouveau, ou qui, venant de l'extérieur, cherchait à Vienne compréhension et audience, n'avait pas d'autre ressource que la bourgeoisie juive. Quand, à l'époque de l'antisémitisme, on a essayé de fonder un théâtre dit "national", on ne trouva ni auteurs, ni acteurs, ni public : en quelques mois, le théâtre "national" échoua lamentablement. Cet exemple a montré pour la première fois que les neuf dixièmes de ce que le monde admirait comme la culture viennoise du XIXe siècle était une culture consacrée, nourrie, voire créée par les juifs de Vienne[1]. »

Sans doute faudrait-il évoquer le rôle de la musique dans les communautés juives d'Europe centrale : refuge, prière, ironie, fuite, rassemblement des nomades et défi du bouc émissaire : on retrouvera ces musiciens, un peu plus tard en Amérique, inspirateurs de la comédie musicale.

Après la destruction de l'Empire austro-hongrois, ces élites voudront briser les contraintes de la musique, l'ouvrir à un socialisme utopique, ratifier la mort politique de la représentation. En 1918, dans Vienne la Rouge, Schoenberg organise une autogestion de concerts ultra-fermés avec les « sociétés d'exécution musicale privée » où la musique nouvelle doit s'expérimenter sans souci de plaire[2]. En 1921, il repense la musique atonale selon un code dodécaphonique. Avec ses *Pièces* pour piano

---

1. *Ibid.*
2. *Cf.* Dominique Jameux, *Musique en jeu*, n° 16, p. 55.

opus 23, il abolit la hiérarchie des degrés, égalise la valeur des sons, interdisant d'en émettre un avant que les onze autres n'aient été émis, organisant le « total chromatique ».

L'ordre est de retour ; l'excès d'ordre harmonique ouvre sur le pseudo-désordre sériel. La musique cesse de vouloir dire le beau. Comme si sa démesure dissonante annonçait la barbarie en marche.

Pour en finir avec la représentation

La représentation musicale est de moins en moins intéressante pour les financiers, désormais attirés par d'autres aventures. Car il faut toujours autant de temps pour préparer et donner un concert ; et le chiffre d'affaires des représentations reste limité par la taille des salles : un musicien ne peut jouer davantage que tous les jours, et jamais dans plus d'une salle à la fois. Aussi les coûts relatifs des représentations croissent-ils alors même que s'améliore la productivité du reste de l'économie.

En outre, l'augmentation de l'encombrement à l'intérieur des villes rend plus compliquée l'assistance à une représentation. Et comme, parallèlement, les appartements s'améliorent, chacun rêve d'entendre chez soi ce qu'il n'a pas le temps d'aller entendre à l'extérieur. Chacun rêve en secret du concert privé des princes. Ce que le livre a permis depuis longtemps en remplaçant le conteur par l'imprimé, l'enregistrement va bientôt le rendre possible pour la musique.

Conçus pour stocker une musique indéfiniment reproductible, les automates musicaux, attractions de foire, annoncent depuis un siècle cette mise à mort de la représentation. Les premières têtes parlantes, construites à la fin du XVIIIe siècle par un certain abbé Mical[1], sont d'ailleurs programmées pour dire :

« Le Roi donne la paix à l'Europe,
La paix couronne le Roi de gloire
Et la paix fait le bonheur des peuples.
Ô Roi adorable, père de vos peuples,
Faites voir à l'Europe la gloire de votre règne ! »

La représentation, qui avait commencé avec le remplacement du corps du roi par son double, s'achève pareillement par la mise en scène d'un double de la tête du roi.

1. *Cf.* une note de recherche de Yves Stourdzé, publiée à l'IRIS en 1976.

4

RÉPÉTER

Le pouvoir de maîtriser les bruits est, avec ceux de faire la guerre et d'affamer, un des trois attributs majeurs des dieux. Jupiter écoute et tonne ; Mars menace et combat ; Quirinius sème et nourrit. Le Dieu du monothéisme récupère ces trois fonctions. Selon un mythe gaélique, c'est encore en se les appropriant que le roi Leevellyn acquiert sa légitimité[1].

Des hommes prennent le pouvoir quand ils apprennent à faire mieux que les dieux ; en particulier quand ils deviennent capables d'écouter leur peuple, d'enregistrer ses protestations et sa mémoire, de faire taire ses cris, de s'arroger leur Histoire.

Quand la représentation ne fournit plus assez de musique à tous ceux qui ont l'envie et les moyens de l'acheter, il faut, pour la diffuser plus largement, retransmettre à distance cette représentation ou vendre des objets sur lesquels elle serait enregistrée. La partition n'y suffit pas : nul ne peut se satisfaire de l'écoute mentale d'un texte.

---

1. Georges Dumézil, *Mythe et épopée*, Gallimard, NRF, 1968-1973.

Ainsi, par la demande de musique, et bien avant que cela soit techniquement possible, le marché esquisse, au milieu du XIXe siècle, le rêve de ce qui s'appellera un jour gramophone, téléphone, cinéma, disque, radio, télévision. Et, au-delà, de tous les autres objets produits en série, comme l'automobile ou les appareils domestiques.

Encore une fois, tout commence avec et par la musique.

GÉNÉALOGIE DE LA RÉPÉTITION

Du Morse au téléphone

Avec la multiplication des voyages et des conquêtes coloniales, l'élite occidentale a besoin d'unifier les marchés mondiaux, de standardiser les communications, de transcender les différences nationales, de faire dialoguer entre elles toutes les machines et toutes les unités militaires.

Comme la musique est une langue universelle, plusieurs proposent d'élaborer un vocabulaire avec des notes. En 1827, par exemple, un ingénieur français, François Sudre[1], présente à l'Académie des beaux-arts un procédé destiné à la formation d'une « langue musicale », d'abord avec sept notes, puis

1. *Langue musicale universelle* inventée par F. Sudre, également inventeur de la téléphonie musicale, 1866, 1 vol. in-12, contenant *Le Vocabulaire de la langue musicale* (imprimé à Tours).

avec trois. D'après son inventeur, cette langue servirait notamment aux clairons à transmettre les messages militaires de colline en colline, y compris de nuit. Il propose de nommer « téléphonie » « l'art de signaler au loin, par les sons d'un instrument, des ordres, des dépêches, des phrases inscrits d'avance dans un vocabulaire spécial [...], afin de se conformer à la portée du clairon d'ordonnance et de l'approprier à l'art militaire ». L'Académie étudie très sérieusement cette idée et conclut que « l'auteur a parfaitement atteint le but qu'il s'est proposé : offrir aux hommes un nouveau moyen de se communiquer leurs idées, de se les transmettre à des distances éloignées et dans l'obscurité la plus profonde. C'est un véritable service rendu à la société ».

À la même époque, on s'intéresse à cent autres façons de télédiffuser des messages. Après le télégraphe visuel de Chappe vient le télégraphe électrique et sa langue sonore spécifique, le morse. En 1832, un ingénieur américain, Samuel F.B. Morse, pense à mettre au point à cette fin un code numérique, mais c'est son assistant, Alfred Veil, qui, en 1837, codifie une juxtaposition de deux notes — brève et longue —, lequel code portera injustement le nom de son employeur. Un peu plus tard, un autre code, le braille, va permettre de traduire les lettres en signes tactiles pour les malvoyants.

Puis viennent d'autres langues à vocation universelle, cette fois parlées. Le 21 février 1886 est présenté au grand amphithéâtre de l'École des hautes études commerciales (lieu symbolique de la finalité du projet) le volapük (de *vol* pour world, et *pük* pour *speak*). L'année suivante apparaît l'espéranto dans un texte publié à Varsovie par le Dr Ludwik Zamenhof.

Cette volonté d'unification des messages passe aussi par la standardisation du message musical lui-même. Grâce aux voyages des interprètes et des auditeurs, la même musique commence à s'entendre un peu partout en concert. Les auditeurs avertis et les musiciens remarquent alors l'instabilité de la valeur d'une note selon les lieux et les instruments. La fréquence du la_3, référence du diapason depuis 1711, peut ainsi varier de près d'un tiers d'un emplacement à un autre de l'Europe. En 1859, la France décide de la normaliser à 435 Hz ; en 1885, à Vienne, une conférence internationale généralise cette définition.

Mesurer le son, codifier les mots, les transcrire en signes, c'est aussi réfléchir à l'enregistrement du son et à sa transmission à distance : dès que celui-ci devient mesurable et transcriptible, on peut imaginer d'en garder trace et de le transporter. L'enregistrement et la transmission à distance sont donc inséparables : l'un et l'autre supposent la transformation du son en un ensemble de signes, qu'ils soient numériques, visibles ou tactiles. Aussi, en travaillant sur la transmission, c'est aussi, sans le savoir, l'enregistrement que l'on prépare.

En 1854, un ingénieur français, Bourseult, élabore la théorie du *microphone* à contact : une plaque mobile, en vibrant sous l'effet du son, établit ou interrompt le circuit d'une pile, ce qui conduit à laisser ou non passer un courant permettant de transmettre à distance les vibrations sonores.

En 1875, Bell, sur l'idée d'un Allemand oublié, Philippe Reis, et de celle de Bourseult, fabrique les premiers microphones à contact. Puis il invente le *téléphone*. Il pense que son premier usage permettra de rapatrier les directeurs d'usine dans les sièges sociaux afin de leur éviter d'être pris en otages en cas de grève ! Personne ne songe alors à l'échange direct de messages entre personnes privées. Même beaucoup plus tard, lors de la pose du premier câble téléphonique transatlantique entre Londres et New York, Edison se demandera : « Mais aura-t-on quelque chose à se dire ? »

Une invention ambiguë : le gramophone

En 1807, Young, un physicien anglais, a l'idée de transcrire les vibrations sonores d'une aiguille sur un cylindre tournant enduit de noir de fumée. Mais il ne peut encore restituer ces traces sous forme sonore. Un ouvrier typographe, Édouard Léon Scott de Martinville, décrit vers 1861 un appareil qu'il nomme *phonautographe*, où le mouvement d'une aiguille mise en mouvement par le souffle de la parole permettrait de transcrire les sons entendus sur un disque couvert de noir de fumée. Mais il ne va pas plus loin que l'idée.

Vingt ans plus tard, le 30 avril 1877, un autre autodidacte, Charles Cros, auteur du *Hareng saur* et créateur du Groupe des hydropathes, dépose à l'Académie des sciences[1] le brevet d'un appareil reproducteur de sons, le *paléophone*. Le son y serait gravé sur un sillon de cire ; il suffirait ensuite de repasser une aiguille sur le sillon pour répéter ce son. Cros en aurait fait une maquette et y aurait enregistré, raconte-t-on, le mot de Cambronne. Mais nul n'a entendu ce prototype, s'il a jamais existé, et Cros ne réussit pas à trouver l'argent pour poursuivre ses recherches. Sentant que d'autres tournent autour de la même idée, il écrit : « Il y a tout lieu de croire qu'on voudrait m'évincer de la question et j'ai eu bon nez de faire ouvrir mon pli cacheté. La justice se fera peut-être à la longue, mais, en attendant, il y a dans ces choses un exemple de la tyrannie scientifique du capital. On exprime cette tyrannie en disant : les théories sont choses en l'air et n'ont aucune valeur, montrez-nous des expériences, des faits. Et de l'argent pour faire ces expériences ? Et de l'argent pour aller voir ces faits ? Tirez-vous-en comme vous pourrez. C'est ainsi que bien des choses ne se font pas en France. »

Quelques mois après lui, le 19 décembre 1877, c'est au tour d'un Américain de génie, vendeur ambulant dans les trains devenu inventeur professionnel, Thomas Edison, de déposer un brevet pour

1. G.A. Briggs, *Reproduction sonore à haute fidélité*, Paris, Société des Éditions Radio, 1958.

un *phonographe* qui reproduirait le son à partir d'une gravure graphique sur un cylindre. À la différence de ses prédécesseurs, Edison met au point un prototype. Pas question de musique instrumentale — fort mal transcriptible sur sa machine — ni d'une écoute répétée — le cylindre s'use dès la seconde écoute —, mais seulement de conservation de la parole, discours ou chant.

Edison écrit en 1877 : « On pourra conserver et entendre à nouveau, un an ou un siècle plus tard, un discours mémorable, un tribun de mérite, un chanteur de renom, etc. On pourra s'en servir d'une manière plus privée : pour conserver religieusement les dernières paroles d'un mourant, la voix d'un mort, d'un parent éloigné, d'un amant, d'une maîtresse. Ainsi les plaintes telles que "Ah ! si nous disposions des discours de Mirabeau, Danton..." deviendront impossibles. »

L'année suivante, il vient présenter à Paris un prototype à l'Académie des sciences. L'expérience est encore très sommaire : pour enregistrer une voix sur un cylindre, il faut parler dans un pavillon si énorme que l'expérimentateur doit monter sur une échelle ! Le son est en outre très mauvais. L'expérience est pourtant ressentie comme si révolutionnaire que plusieurs membres de l'Académie croient à une mystification par un ventriloque...

Comme les deux projets français, l'enregistreur d'Edison n'intéresse personne. Lui-même, dès 1878, s'en détourne pour promouvoir une autre de ses inventions, l'ampoule électrique.

Il faut attendre qu'une innovation en apparence mineure vienne changer la donne : comme le téléphone n'aurait pu se développer sans le commutateur, le gramophone n'aurait rien été sans la galvanoplastie — mise au point par Tainter en 1886 — qui va fortifier le cylindre et rendre possible son écoute répétée. Encore une fois, la musique annonce une rupture : le remplacement des hommes par des machines et la réplication en série de leur travail.

À la même époque se développent d'autres instruments de répétition de la musique, mais de musique artificielle, autrement dit non jouée ni chantée par un être humain. Les techniques combinées de l'horlogerie et des instruments de musique ont débouché depuis longtemps sur les boîtes à musique actionnant clochettes, soufflets et tambours. Avec les progrès, les orgues de Barbarie, les pianolas, les pianistas, les ælians permettent maintenant d'écouter alternativement plusieurs partitions enregistrées sur des cartes perforées ou des cylindres interchangeables. Ces instruments sont utilisés par les musiciens des rues, dans les cafés-concerts, sur les foires et les manèges. En France, une loi du 16 mai 1886 autorise leur usage comme substitut aux orchestres dans les bals ; plus généralement, elle permet « la fabrication et la vente des instruments servant à reproduire mécaniquement des airs de musique ».

Les améliorations apportées à ces instruments automatiques sont toutefois insuffisantes ; la qualité du son y est trop rudimentaire pour se comparer à celle que rendent possible les premiers progrès de l'enregistrement de musique vivante. Il faudra attendre encore près d'un siècle pour que la musique artificielle vienne, avec l'ordinateur, concurrencer l'interprétation humaine.

En 1887, année où indépendamment d'Edison, Emile Berliner invente ce qu'il nomme un « gramophone », est créée l'American Gramophon Company ; elle va reproduire et commercialiser les tout nouveaux gramophones et enregistrer les premiers *phonogrammes* en vue de les placer comme attractions dans les foires et comme machines à dicter dans les ministères.

Découvrant qu'on projette d'utiliser son invention comme une attraction foraine, Edison proteste, considérant qu'un tel usage risque de la faire « apparaître comme n'étant rien de plus qu'un jouet ».

C'est pourtant là qu'est le marché. Pour y pourvoir, l'American Gramophon Company met au point des gramophones dont on peut déclencher la marche par le dépôt d'une pièce de monnaie dans une fente. C'est le « *nickel in the slot* » ou *juke-box* (*juke* désigne un petit bar). La représentation du gramophone devient ainsi publique. Une personne paie pour entendre une chanson et la donne en même temps à entendre gratuitement à ses voisins.

En 1889, à l'Exposition universelle de Paris, le phonographe remporte un gros succès commercial. La même année, l'infatigable Edison présente un prototype de photo animée et sonore. Berliner continue à faire connaître ses gramophones jusqu'en Inde.

Des studios d'enregistrement sont créés aux États-Unis et en Europe ; on commence à y enregistrer des chansons populaires pour les « *nickel in the slot* ». L'orchestre joue très fort, les chanteurs hurlent, faisant face à plusieurs énormes pavillons pour enregistrer sur plusieurs cylindres à la fois. Les musiciens s'applaudissent eux-mêmes pour donner l'illusion d'une représentation. À New York, les phonogrammes sont ensuite achetés à ces studios par l'American Gramophon Company et d'autres entreprises qui les louent aux drugstores de la région de New York, renouvelant les cylindres une à deux fois par mois.

En 1890, Edison s'intéresse de nouveau à son invention, devenue source de profit. Dans un texte très étonnant, il dresse même la liste de tous ses usages possibles et accepte désormais d'y inclure la musique, prétendant l'avoir eue d'emblée à l'esprit alors qu'il n'avait en fait pensé qu'accessoirement au chant :

« Il y a une dizaine d'années, j'ai énuméré parmi les applications du phonographe : l'écriture de la correspondance et de toutes sortes de dictées sans l'aide d'un sténographe ; les livres phonographiques qui parleraient aux aveugles sans exiger aucun effort de leur part ; l'enseignement du langage ; la reproduction de la musique ; le document de famille qui conserverait des souvenirs, des réminiscences, etc., des membres de la famille, ainsi que les dernières paroles des moribonds ; les boîtes à musique et les jouets ; les horloges automatiques qui annonceraient en langage articulé l'heure de rentrer à la maison, celle des repas, etc. ; la conservation des explications données par le professeur et auxquelles l'élève peut se référer à un moment quelconque ; l'épellation et toutes leçons orales inscrites sur le phonographe en vue d'aider la mémoire ; la combinaison du phonographe et du téléphone en vue de substituer, aux communications verbales et éphémères, des inscriptions permanentes et authentiques. Chacune de ces applications du phonographe perfectionné est aujourd'hui prête pour l'exécution. Je puis ajouter que, grâce à la facilité avec laquelle l'appareil enregistre et reproduit toutes sortes de musiques, les airs sifflés et les récits, il peut être utilisé à fournir des distractions aux invalides, aux réunions de sociétés, aux dîners, etc. Des morceaux d'orchestre, et même des opéras tout entiers peuvent être emmagasinés sur le cylindre : la voix de la Patti chantant en Angleterre peut être entendue de ce côté de l'Océan et conservée pour les générations futures[1]. »

Texte très étonnant : dix ans après son invention, Edison commence ainsi à comprendre ce qui va en devenir l'usage essentiel.

Cette même année 1890, un premier journal est créé aux États-Unis, sous le nom de *Phonogram*, pour faire connaître les nouveaux phonogrammes et les présenter. Des compagnies naissent partout en Amérique pour enregistrer des chansons indépendamment des fabricants de gramophones. En 1891,

1. Reproduit dans la revue *Nature*, 25 avril 1891, p. 21.

dans la revue *Nature*, une étude intitulée « L'industrie phonographique aux États-Unis[1] » fournit une analyse assez précise de la façon dont le phonographe est alors utilisé. L'auteur cite un article de *Phonogram* proposant de créer, « pour que la recherche de recettes importantes ne fasse pas de tort aux recettes de l'avenir, dans chaque compagnie de gramophones, deux secteurs distincts, dont l'un s'occuperait de la bagatelle, l'autre du côté sérieux. [L'article de *Phonogram*] nous apprend qu'il existe dans le New Jersey une véritable fabrique de musique d'où sortent, chaque mois, plusieurs rouleaux d'airs nouveaux. Ces airs sont d'ailleurs très variés selon la nature de la clientèle. Avant l'inscription du morceau, le titre en est crié sur l'appareil. Lorsque son exécution est terminée, s'il reste un peu de place sur le cylindre, on n'oublie pas de l'utiliser en y inscrivant des applaudissements et des hourrah ! que les musiciens se prodiguent à eux-mêmes à la fin. Tous les morceaux sont présentés avant d'être mis dans le commerce ; ceux qui ont des défectuosités sont mis de côté. Le prix commercial de ces morceaux est de un à deux dollars chacun, et laisse un certain bénéfice, déduction faite du salaire des musiciens, car l'inscription d'un même morceau est faite sur plusieurs cylindres à la fois. Les recettes des phonographes exploités par le système du "*nickel in the slot*" sont très variables selon l'endroit où est placé l'appareil et la nature du morceau, que l'on

1. *Ibid.*, p. 253.

change presque tous les jours. Certains appareils ont donné jusqu'à 14 dollars de recette journalière. »

Personne ne pense évidemment à payer des droits aux éditeurs et aux auteurs des chansons enregistrées lorsqu'ils sont identifiés ; les interprètes ne sont payés que pour leurs performances devant les micros, pas pour la vente des cylindres ni pour l'utilisation de ceux-ci dans les *juke-boxes*.

En 1898, Berliner, qui a lancé en 1893 la US Gramophon, installe à Londres la Gramophon Cy et, à Berlin, la Deutsche Gramophon, société anglaise sur la base de ses propres brevets. La même compagnie est née à Paris, sous l'enseigne de « La Voix de son maître ». Au même moment, les frères Pathé, détenteurs des droits pour l'Europe de l'invention d'Edison, créent la « Compagnie générale des phonographes ». Les musiciens ne s'en plaignent pas ; ils voient dans le gramophone une occasion nouvelle et positive de jouer et un moyen de laisser une trace physique, à l'instar des compositeurs. En revanche, ils craignent de voir les directeurs de théâtre s'en servir pour les remplacer, à tout le moins pour faire pression sur eux en cas de menace de grève. Les chefs d'orchestre en attendent une aide pédagogique pour les musiciens et une élévation de l'exigence des auditeurs ; ainsi Alexandre Luigini, premier chef d'orchestre de l'Opéra-Comique, déclare le 24 mars 1902 : « J'estime que cet instrument est appelé à jouer un très grand rôle comme *éducateur*, en propageant les œuvres des maîtres exécutées par les meilleurs interprètes. Il sera d'un précieux enseignement en vulgarisant les bonnes traditions et la pureté de style de l'élite exécutante. »

Cette même année 1902, le *dynamophone* de Thadeus Cahill permet d'enregistrer, en principe, des sons sur des dynamos de trois cents tonnes, puis de les transmettre par téléphone. Edgar Varese s'inspirera de ces bruits dans sa musique. La même année encore, Emile Berliner met au point l'idée de Charles Cros et invente le disque plat tournant à des vitesses allant de 70 à 90 tours/minute. Il passe à deux faces en 1907. Le progrès est considérable : l'objet-musique devient beaucoup plus facile à stocker chez les particuliers et donc à vendre.

L'industrie choisit alors le disque contre le cylindre, afin de provoquer le renouvellement — très progressif — du parc de machines. La qualité de l'enregistrement progresse encore. On peut désormais rejouer un grand nombre de fois le même enregistrement et enregistrer de la musique d'orchestre.

Afin de produire une demande pour leurs produits, les vendeurs de disques et les fabricants de gramophones organisent des présentations gratuites. En France, à partir de 1907, la Compagnie française du gramophone, créée dix ans plus tôt par Berliner, rassemble des publics dans des salles de province pour des auditions gratuites d'un gramophone posé sur la scène, qu'on applaudit à la fin. Un journaliste s'émerveille de la « possibilité de pouvoir ainsi entendre un répertoire constitué des œuvres de tous les temps et des meilleurs interprètes du monde entier ». Les premiers disques français sont produits par Pathé, un des pionniers du cinéma, en 1908 — soit cinq ans après les premiers disques américains. Dès le début, les industries du son et de l'image se trouvent ainsi mêlées, comme le sont leurs technologies.

En 1910, on normalise le diamètre des disques, puis leur vitesse autour de 80 tours/minute. Cette année-là, on enregistre l'intégrale de *Carmen*, et beaucoup d'autres succès d'opéra. Le *Paillasse — I Pagliacci* — de Ruggero Leoncavallo est le premier phonogramme à dépasser le million d'exemplaires. Fantastique mutation ! Une œuvre que son compositeur n'a pas entendue deux fois de son vivant (c'est le cas de la *Neuvième Symphonie* de Beethoven et de l'essentiel des œuvres de Mozart) devient accessible un nombre infini de fois à une multitude d'auditeurs à domicile. En 1913, le cinéma muet tourne la première biographie de Verdi — *Verdi nella vita et nella gloria* — douze ans après sa mort. En 1914 a lieu le premier enregistrement intégral d'une symphonie, la *Cinquième* de Beethoven, dirigée par Arthur Nikisch.

La musique devient une industrie et sa consommation cesse d'être collective pour devenir de masse — c'est-à-dire destinée à un agrégat d'individus solitaires. Comme l'imprimeur a fait disparaître le copiste, comme le « livre bleu » du colporteur a chassé le conteur, le disque remplace la plupart des cabarets et des chanteurs de rue. La musique, séparée de ses fonctions premières — rituel et spectacle — devient son pur. Le spectacle n'est plus là que pour inciter à la consommation d'objets produits en série ; la représentation devient principalement vitrine de la répétition, tout comme le musicien de rue était naguère le support de la vente de partitions.

Une fois encore, la musique est prophétique : sa reproduction en série annonce celle d'autres objets. Le remplacement du spectacle par son enregistrement préfigure celui du lavoir par la machine à laver, de la maison individuelle par les appartements en série, du travail qualifié par le travail à la chaîne.

Propriété de l'enregistrement

La reproduction des œuvres d'art est un procédé très ancien[1]. On en trouve des exemples en Grèce avec les bronzes, les médailles, les monnaies, puis avec la gravure sur bois, l'imprimerie, la gravure sur cuivre, la lithographie. Le concept d'œuvre originale authentique n'existe plus guère qu'en peinture.

Au XVIIIe siècle, Watteau mourait pauvre pendant que les graveurs faisaient fortune grâce aux reproductions de ses œuvres. Au XIXe siècle, les peintres exigent leur part des profits, vers 1820 Léopold Robert vend lui-même, en l'espace d'un an, un million d'exemplaires d'une estampe tirée de ses *Moissonneurs*, et Ingres cède pour 24 000 francs le

1. Benjamin Walter, *Œuvres III*, Folio essais, 2000.

droit de reproduction de ses toiles à des lithograveurs[1].

Les écrivains, dont les droits sont déjà protégés de leur vivant, améliorent ceux de leurs héritiers. Un décret du 5 février 1810 porte de cinq à vingt ans la transmissibilité du droit de propriété littéraire en ligne directe, et à dix ans dans les autres cas. Un projet de loi élaboré en 1825, repris en 1836 puis en 1841, propose même de porter cette transmissibilité à cinquante ans, et Lamartine s'étonne que « la création des rudes labeurs de la pensée ne soit pas transmissible à perpétuité à la postérité de l'auteur, comme le champ que le cultivateur défriche et qu'il s'est ordinairement approprié par son travail et sa sueur ». En 1878, Victor Hugo fonde l'Association littéraire et artistique internationale. Une convention, conclue à Berne le 9 septembre 1886, assure la protection internationale de la propriété littéraire et artistique.

Avec la photo, copie originale de la réalité, le concept même d'authenticité d'une œuvre d'art disparaît. En 1867, trente ans après l'invention de Daguerre, un photographe, Matthew B. Brady, tente, le premier, de vendre ses propres œuvres. Sans être commandité par qui que ce soit, avec le concours d'une vingtaine de « reporters », il a pris des milliers de clichés de la Guerre civile américaine qu'il se propose de vendre à des journaux. Pour assurer ce

1. Chiffres cités par T. Reinach, député, dans son rapport n° 3156 du 1er mars 1910 sur une proposition de loi relative à la protection des auteurs en matière de reproduction d'œuvres d'art.

« reportage », il a dû emprunter les appareils à une firme de matériel photographique. Mais la vente des clichés est relativement faible et il doit en définitive les céder à son créancier qui les fera imprimer et publier pendant plusieurs années avec profit, alors que Matthew B. Brady, lui, est ruiné.

Les reproductions de photos restent encore rares, jusqu'à ce que le 4 mars 1880 le *Daily Herald* de New York publie la première photo reproduite par des moyens purement mécaniques. La photo de presse commence dès lors à se développer.

Se fait jour parallèlement un droit de propriété sur la *matière vivante*. En 1873, l'Office américain des brevets et des marques accorde à Louis Pasteur un premier brevet portant sur une « levure exempte de germes organiques de maladie, en tant que produit de fabrication ». En 1877, il accorde un brevet pour un sérum antitoxique. Tout ce qui revêt un caractère *technique*, toute manipulation permettant la « production d'artefacts », voire d'objets vivants jusque-là inconnus, devient brevetable, à la différence des découvertes purement scientifiques, des innovations en matière d'élevage, de sélection végétale et de traitements médicaux.

Au même moment, la propriété d'une œuvre cinématographique est disputée entre plusieurs créateurs et producteurs. Elle s'organise en 1908 quand, sous l'égide, encore une fois, d'Edison, est fondée la Motion Pictures Patent Corporation. En 1909, le Copyright Act stipule que tout film appartient à celui qui l'a financé : aucun droit moral n'est alors reconnu aux artistes. En France, la société Pathé fonde la Société cinématographique des artistes et gens de lettres qui accorde quelques droits aux metteurs en scène en application de la conception française du droit d'auteur, qui reconnaît un droit « moral » aux artistes, indépendamment de leurs droits financiers.

Pour les enregistrements musicaux, la question des droits d'auteur se pose d'abord à propos des instruments mécaniques, quand des musiciens protestent contre le fait qu'on grave leurs partitions sur des « planches à clous » (les pianistas). La loi du 16 mai 1886 stipule que « la fabrication et la vente des instruments servant à reproduire mécaniquement des airs de musique qui sont du domaine privé ne constituent pas le fait de contrefaçon musicale [...]. N'est redevable de droits d'auteur que la seule représentation publique d'automates, pas leurs représentations privées. » S'appuyant sur ce texte, les fabricants d'automates refusent d'abord de payer des droits aux auteurs des chansons reproduites, arguant du caractère privé de l'usage de ces instruments, même dans des lieux publics. Ils ne sont pas suivis par les tribunaux et un arrêt du 15 novembre 1900 condamne un cafetier ayant installé une boîte à musique dans son établissement à payer des droits à l'auteur des chansons, compte tenu du caractère public de la représentation[1].

Pour l'enregistrement de la musique vivante, le droit a aussi du mal à se fixer. Les éditeurs de parti-

1. *Gazette des tribunaux*, 1901, II, 3.

tions sont en général reconnus comme détenteurs d'office des droits d'enregistrement, qu'ils cèdent aux compagnies de gramophones. Les auteurs et les compositeurs réclament leurs droits sur toutes les formes de commercialisation de leurs œuvres. Les interprètes sont parfois rémunérés en fonction du nombre de phonogrammes vendus. En 1899, deux ans avant sa mort, Verdi, devenu sénateur d'Italie, gagne un procès contre une compagnie téléphonique qui a tenté de transmettre en direct un extrait d'une représentation de *Nabucco* : les juges décident que la transmission par téléphone constitue une manière de représentation. Par un arrêt du 6 mars 1903, le tribunal civil de la Seine exige paiement d'un droit d'auteur pour tout enregistrement musical rendu public ou commercialisé sous quelque forme que ce soit. En 1903, Caruso fait fortune en se faisant rémunérer proportionnellement au nombre d'exemplaires vendus de ses enregistrements.

Le 1er février 1905, la Cour de Paris applique pour la première fois la législation sur le droit d'auteur à la musique. Ses motivations sont très intéressantes, car elles constituent une des ultimes tentatives pour maintenir la fiction de la représentation dans la répétition, de l'écrit dans le sonore, pour assimiler le disque à la partition et lui appliquer en somme les règles applicables au livre :

« Considérant que les disques ou cylindres sont impressionnés par un style sous lequel ils passent ; qu'ils reçoivent une notation graphique des paroles prononcées ; que la pensée de l'auteur interprétée y est comme matérialisée en de multiples sillons, puis reproduite par milliers d'exemplaires de chaque disque ou cylindre, et répandue au-dehors avec une écriture spéciale, sans doute lisible demain pour les yeux, et dès aujourd'hui mise à la portée de tous par les sons ; que, grâce à cette répétition des paroles empreintes, l'intelligence de l'auditeur est pénétrée de l'œuvre musicale comme elle l'eût été avec un livre par la vue, ou avec la méthode Braille par le toucher[1]. »

Texte étonnant où le juge, pour faire respecter une loi écrite avant même que ne soit inventé l'objet auquel elle s'applique, le ramène au problème précédent : la reproduction sonore est considérée comme une variante ou un sous-produit de l'écrit !

Malgré ce jugement, la rémunération des auteurs et des interprètes d'œuvres reproduites reste longtemps méconnue du législateur. En 1910, dans un très intéressant rapport à la Chambre des députés sur la reproduction des œuvres d'art, M. T. Reinach n'évoque pas une seule fois le cas de la musique. Cette année-là, pourtant, les interprètes sont déjà fort bien payés par les fabricants de phonogrammes : Mme Melba reçoit 250 000 francs de la Compagnie des gramophones...

Enregistrement et gestion de la violence

La musique enregistrée n'entretient pas le même rapport à la violence que celle qui est représentée.

1. *Le Droit*, revue, n° du 5 mars 1905.

D'abord, elle organise un rapport solitaire à la mise en ordre du bruit. On achète, avec le disque, un usage individualisé de l'ordre, un simulacre privé du sacrifice. Le gramophone devient comme l'autel d'un sacrifice personnalisé. Il n'y a plus de cérémonie collective du bouc émissaire.

Ensuite, comme l'enregistrement est répétable, il n'y a plus de risque de dérapage, de dissonance, d'échec de la canalisation de la violence. Tout ce que le sacrifice et le spectacle contenaient de bruits potentiels (violence contagieuse, fausse note, dissonance, erreur, bruit), disparaît. La musique n'est plus dialogue en direct, mise en forme vivante du bruit, mais seulement spectacle prévisible et solitaire d'une mise en ordre antérieurement réussie. L'écoute de la musique n'est plus que celle d'un parcours prédéterminé, donné à réentendre. Elle n'est plus le spectacle d'une mise en ordre, mais celui de son *souvenir*.

En abolissant ainsi l'essentiel de la métaphore du sacrifice, l'enregistrement brise la capacité de gestion de la violence par la musique. Il ouvre, annonce et prédit le retour de la réciprocité violente en société. En particulier de la violence des jeunes, jusqu'au meurtre mimétique perpétré par des mineurs.

Musique et féminité

Jusqu'au début du XIXe siècle, la musique est une affaire d'hommes : aucun grand créateur, pas un interprète connu n'est une femme. Même les rôles féminins dans les opéras sont tenus par de jeunes hommes ou par des castrats.

Sans doute convient-il de l'expliquer ainsi : même si l'on rencontre des musiciennes, même si, çà et là, la musique est parfois associée à la sexualité ou à la prostitution, la gestion de la violence est bien trop importante, trop stratégique pour que les hommes laissent aux femmes le soin de s'en occuper : le bouc émissaire est un mâle ; la femme est là pour donner la vie, pas pour canaliser les pulsions de mort. Et quand des hommes sont menacés par l'attitude des femmes, alors ils organisent la lapidation de la femme adultère...

Au début du XIXe siècle, les femmes font leur apparition dans la représentation musicale. On l'a vu, les jeunes filles jouent du piano pour accompagner ou exprimer la sentimentalité qu'on leur suppose. Vers le milieu du siècle, des femmes commencent à chanter dans les cabarets, à tenir les rôles féminins des opéras, à se produire en concert. Mais l'exclusivité des hommes résiste : il faut attendre le début du XXe siècle pour qu'une femme soit admise à jouer dans un orchestre symphonique. Et encore, pendant très longtemps seulement dans les cordes.

L'avènement de l'enregistrement est un des facteurs majeurs de cette « percée » des femmes, en leur permettant de devenir des vedettes du disque. Mais ce n'est qu'au premier tiers du XXe siècle qu'on ose, en France, rapprocher les musiciens des deux sexes pendant leur formation au conservatoire. Et encore, avec quelle prudence ! Dans un rapport de M. Charles L'Hôpital, inspecteur général de l'Instruction publique, en date des 24 et 31 octobre 1931 pour le compte de la Commission pour la rénovation et le développement des études musicales (1928-1931), on peut lire :

« Et alors, ne pensez-vous pas qu'à notre époque, où l'on est devenu un peu plus large d'idées et moins embarrassé de craintes conventionnelles par suite de l'évolution générale des esprits et des mœurs, non dans ce qu'elle présente d'excessif, mais dans ce qu'elle offre de plus raisonnable, il serait fort désirable que l'on rapprochât en plus d'une circonstance nos groupements d'élèves-maîtres et élèves-maîtresses pour la répétition et l'exécution de véritables œuvres chorales, c'est-à-dire d'œuvres mixtes, étant bien entendu que les études de détail seraient poursuivies séparément ? Je crois qu'avec de la prudence et de la vigilance, mis à part bien entendu le cas où s'offrirait une contre-indication, et il peut s'en trouver, ces réunions dont le principe seul eût effarouché les imaginations voilà une quarantaine d'années, de nos jours seraient vite en faveur, par l'attrait artistique d'une force singulière qu'elles ne manqueraient pas d'exercer sur les exécutants et autour d'eux. »...

Jazz, radio, cinéma

Au moment des inventions de Charles Cros et de Thomas Edison, il n'y a pas encore de demande solvable pour des enregistrements de musique populaire. Ceux qui viennent écouter de la musique dans les caf'conc' n'ont pas les moyens de s'offrir un gramophone. La demande d'enregistrements apparaît un peu plus tard avec les caf'conc' américains — les *clubs* — et avec la musique qu'on y joue : celle des anciens esclaves du Sud.

À peine libérés par la guerre de Sécession, les Noirs des champs de coton et des fabriques forment de petits orchestres pour faire entendre, d'abord sous le nom de *negro spirituals* ou *gospel songs*, puis sous celui de *blues*, les chants et les musiques issues de l'esclavage, agrémentées de paroles nouvelles fêtant leur émancipation. Réminiscences de chants d'Afrique mêlées aux airs des maîtres de ballet français de Louisiane, aux premiers appels à la libération venus d'Haïti, et aux rythmes d'anciens esclaves noirs du Maroc, les gnaouas, entendus aux Antilles. Vers 1870, à La Nouvelle-Orléans, ces orchestres se produisent dans les cafés, les restaurants, les clubs et les *music-halls*. En franco-américain de La Nouvelle-Orléans, jouer cette musique se dit *to jass* (de « jaser », peut-être), puis, à partir de 1913, *to jazz* (désignant l'*excitation*). Comme la musique africaine, le jazz est avant tout improvisation musicale autour d'un texte, sans tenir compte des contraintes de la musique tonale, mêlant modes majeur et mineur.

Quand les Noirs montent travailler et vivre dans les ghettos des villes du Nord, ils souhaitent se faire accompagner de leurs musiques, tout comme les ouvriers urbanisés d'Europe avaient voulu retrouver leurs traditions rurales dans les foires, les manèges et les caf'conc'.

Les jeunes Blancs découvrent alors cette musique. Ils y entendent des rythmes capables de canaliser la violence — blanche aussi bien que noire —, de transformer l'énergie en chant et en danse, libérés des contraintes de l'harmonie. Des cabarets de jazz pour spectateurs blancs s'ouvrent à Memphis, Saint Louis et Chicago, et font entendre des musiciens noirs. Prétexte pour gens sages à se déguiser en fous, occasion pour Carême de faire Carnaval, moyen pour des gens raisonnables de voyager dans les passions qu'ils répriment.

À côté des musiciens noirs — et parfois à l'initiative des Blancs sincèrement admiratifs de la musique des anciens esclaves — des Blancs au visage noirci, roulant les yeux et se trémoussant comme aucun Noir ne le ferait, tendent alors à imposer un jazz occidentalisé, modelé par des critiques blancs.

En 1902, le capital blanc, propriétaire de toutes les firmes de musique, enregistre le premier disque de *negro spirituals*. C'est un succès. Des producteurs, parfois passionnés, parfois seulement commerçants, vont alors prospecter le patrimoine des Noirs du Sud. Ils organisent des tournées de ramassage (*field's trips*) avec des rabatteurs (*talent scouts*) — parfois noirs, et découvrent des chanteurs et des musiciens dans les bars, les plantations, les usines. Ils les font enregistrer pour quelques dollars dans des studios ambulants. Pas de contrat, pas de droits d'auteur ! Les meilleurs sont ensuite emmenés vers les cabarets du Nord où ils touchent un maigre cachet comme interprètes, jamais de rémunération en tant que compositeurs[1]. Tout le monde semble satisfait. Comme l'écrit Adorno, le jazz, qu'il n'aime pas, « jouit de sa propre aliénation ».

En 1917, premier grand succès d'un disque de jazz, enregistré par un orchestre blanc de La Rocca, Original Dixieland Jass Band : *Livery Stable Blues*.

En Europe, le jazz — le mot s'installe vers 1920 — débarque avec les troupes américaines. Il est d'abord mal reçu. On l'assimile, comme l'ont fait beaucoup de Blancs américains de la Côte Ouest, à de la musique sauvage, faite de répétitivité, de discordance et de laideur ; il rappelle les rythmes entendus aux colonies et qu'on a fait taire au nom de la civilisation. À Paris, la *Revue musicale* écrit en 1920 :

« Le jazz est cyniquement l'orchestre des brutes au pouce non opposable et aux pieds encore préhensiles dans la forêt du Vaudou. Il est tout excès, et par là plus que monotone : le singe est livré à lui-même, sans mœurs, sans discipline, tombé dans tous les taillis de l'instinct, montrant sa viande plus obscène encore. Ces esclaves doivent être soumis, ou il n'est plus de maître. Il est honteux qu'ils règnent. La honte, c'est la laideur et son triomphe[2]. »

Au même moment, aux États-Unis, King Oliver, puis Louis Armstrong — des Noirs jouant comme

1. Denis Constant, *J.M.*, février 1973.
2. Cité par A. Cœuroy dans *Histoire générale du jazz (Street hot swing)*, 1942, p. 7, et repris par Comolli et Carles dans *Free Jazz et Black Power*, éd. Champ libre, 1974.

les Blancs imaginent que doivent jouer les Noirs — commencent à faire connaître leurs versions du style New Orleans.

La radio, en s'imposant, va imposer le jazz. Elle commence avec les inventions de Branly, vers 1880, et surtout la lampe à triode de Lee de Forest, en 1907, qui lui permet l'année suivante de transmettre, pour la première fois, une voix, celle de la cantatrice Geraldine Farrer. Quand la radio sort des tranchées, chacun pense, en Europe comme aux États-Unis, qu'elle va surtout servir à véhiculer des informations d'ordre militaire et politique. Nul ne pense encore à la musique ni même à la distraction. D'autant que la mauvaise qualité de l'audition et la nature des mécanismes de transmission — on ne peut radiodiffuser un phonogramme qu'en approchant le microémetteur du pavillon du phonographe — ne permettent pas d'y faire entendre des disques ou des cylindres. La radio ne sert alors, pour l'essentiel, qu'à diffuser des informations, des sketches ou du théâtre. Les premières stations (KDKA, aux États-Unis ; Poste de la Tour Eiffel à Paris), appartiennent à l'armée ou aux fabricants de postes.

Personne ne sait comment rentabiliser la radio autrement que comme un complément de la vente des appareils : spectacle gratuit qu'il n'est pas possible de crypter, la radio ne peut gagner sa vie qu'en vendant autre chose que les spectacles qu'elle offre à ses auditeurs. Exactement comme les musiciens des rues gagnaient la leur en vendant des partitions à ceux qui faisaient cercle autour d'eux. Les stations de radio doivent trouver des revenus variés. Pour les radios privées, les rentrées d'argent seront assurées par la publicité qui mettra du temps à prouver son efficacité. Pour les radios publiques, ce sera l'impôt. Dans l'un et l'autre cas, le revenu dépendra du nombre d'auditeurs. Aussi faut-il trouver un spectacle gratuit qui en attire le plus possible : ce sera la musique.

Un premier concert est radiodiffusé, le 15 juin 1920, à Chelmsford, aux États-Unis, l'année même où les premières émissions de radio ont lieu en France, sous la tour Eiffel (naturellement sous le contrôle de l'armée). Les premières stations privées ont tôt fait de couvrir le territoire américain. On y fait entendre de la musique, d'abord en faisant jouer des musiciens dans un studio en direct devant un micro. Les Américains découvrent ainsi qu'il est possible d'avoir accès, à domicile et gratuitement, à toutes les musiques possibles, jouées par les meilleurs interprètes. C'est l'utopie de la représentation universelle réalisée, sans billet à acheter.

Les stations de radios privées se multiplient aux États-Unis et en Europe. On y invente tout ce qui est encore aujourd'hui la loi du genre : informations, jeux, feuilletons. Et les émissions musicales sont les plus prisées.

Les radios refusent de rémunérer les auteurs des œuvres qu'elles diffusent, soutenant qu'elles ne peuvent payer pour quelque chose qu'elles ne vendent pas, que le passage à l'antenne fait de la publicité gratuite aux musiciens et favorise donc leurs concerts aussi bien que la vente de leurs partitions et de leurs disques.

Au même moment, un général américain, George Squier, a l'idée de transmettre la musique par les lignes électriques. Il crée en 1922 une société qu'il nomme « Muzak », par analogie avec « Kodak », pour vendre des fonds sonores par téléphone à des entreprises et à des lieux publics. C'est la même idée que le dynamophone de Cahill. Elle est devenue techniquement réalisable.

À partir de 1925, le moteur électrique provoque des changements majeurs dans la musique comme dans le reste de la société : le *pick-up* remplace très progressivement les phonographes à pavillon. Les nouveaux ascenseurs à moteur électrique, si nécessaires aux grands immeubles des villes neuves, sont l'occasion pour Muzak de vendre de la musique pour rassurer les utilisateurs. La qualité du son s'améliore ; on enregistre *Le Messie* de Haendel avec de gigantesques effectifs. L'enregistrement électrique permet même de diffuser le contenu d'un disque à la radio. Certains s'en inquiètent : les interprètes perdent un lieu de travail ; les auteurs redoutent une désaffection du public pour les salles de concert ; les fabricants de disques craignent une baisse des ventes ; les élites redoutent de voir la musique devenir accessible à tous. En France, en 1930, le président de la Commission pour la rénovation et le développement des études musicales écrit : « Avec le phonographe, comme avec le piano ou l'orgue automatique, on pourrait se donner sans aucune étude des jouissances profondes. »

Peu à peu, la radio devient en fait l'auxiliaire de l'industrie du disque. L'une fournit une vitrine, l'autre de quoi la meubler.

Une musique y est particulièrement bienvenue : le jazz. En 1925, *Let it rain, let it pour* est le premier succès commercial d'un disque entendu sur les ondes. À partir de là, radio, disque et jazz se développent ensemble. Count Basie, Louis Armstrong, Sidney Bechet, Lester Young, Duke Ellington — des Noirs imitant les Blancs imitant les Noirs — remportent d'énormes succès. Les Blancs commencent à danser sur ces rythmes : *swing*, *blues*, *lindy hop*. Des marques, des labels s'installent (RCA, Columbia, La Voix de son maître, EMI, Decca, Deutsche Gramophon) pour promouvoir des artistes dont ils prennent en charge la carrière.

Puis les innovations liées au moteur électrique provoquent une spéculation boursière d'où découle la Grande Crise de 1929.

L'année même du *Boléro* de Ravel, la dépression provoque, en retour, l'émergence d'un genre musical nouveau : la comédie musicale, forme dérivée de l'opérette et du spectacle de cabaret, inspirée du jazz et de la musique des ghettos juifs d'Europe centrale réfugiée à Brooklyn[1]. Le consommateur américain — puis européen — vient y oublier la tragédie du monde et applaudir Cole Porler, George Gershwin,

1. Gabriel Krom, *La Grande Chanson américaine*, non publié.

Fred Astaire, Gene Kelly sur les scènes new-yorkaises, au cinéma, dans les films produits par Hollywood, et bien sûr en disques. Les chansons populaires et le jazz se nourrissent l'un l'autre : *Summertime* est inspiré d'une berceuse yiddish et des visites de Gershwin à Harlem. La demande de *blues* devient considérable. Tous blancs, Paul Whiteman, élu King of Jazz en 1930, Benny Goodman et Stan Kenton deviennent des « stars ».

En 1938, Warner rachète Muzak pour la revendre l'année suivante à un sénateur américain, William Benton. L'entreprise propose alors des programmes de musique à diffuser par haut-parleurs pour améliorer la productivité durant les heures de travail et favoriser la détente aux heures de loisir...

Les sociétés d'auteurs commencent à défendre les droits de leurs membres face aux nouveaux médias. Dans certains pays — comme en France — elles obtiennent des tribunaux que les stations de radios soient tenues de rémunérer la diffusion d'une œuvre comme s'il s'agissait d'une représentation devant un public payant. Le 22 mars 1927, M. Privat, directeur de la radio privée installée à la tour Eiffel, est condamné par le tribunal civil de la Seine à 3 000 francs de dommages-intérêts pour avoir diffusé sans autorisation des morceaux appartenant au répertoire de la Sacem. Le 30 juillet 1927, un arrêt du tribunal correctionnel de Marseille stipule que la radiodiffusion d'une œuvre est considérée comme une exécution publique à laquelle la loi de 1793 est applicable. Les responsables de stations de radio ne s'y résignent pas. En 1935 encore — l'année même où est créée la SDRM, filiale de la Sacem, chargée de gérer les droits d'enregistrement —, dans un article de la *Revue internationale de radioélectricité*, un certain Bollecker, juriste au service de la radio, s'emploie à justifier le non-paiement de quelque droit que ce soit à la suite de la diffusion de musique en arguant que cette technique ne fait qu'envoyer des ondes à travers l'espace sans qu'elles prennent forme ; ce n'est que lors de la réception, toujours dans un lieu privé, chez un particulier, qu'a lieu la transformation de ces ondes en sons. Autrement dit, ne serait représentation que la réception, laquelle, forcément privée, ne saurait être soumise au droit d'auteur !

Ces arguments ne sont pas retenus par les juges ni par le législateur : la radiodiffusion est considérée comme un moyen de représentation publique. Les stations doivent désormais payer des droits de passage des enregistrements, en tout cas en Europe. En 1937, un contrat est conclu entre la Sacem et les stations privées, garantissant l'acquittement d'un droit de représentation aux auteurs et d'un droit de reproduction aux éditeurs. Rien, en revanche, pour les exécutants. Mais comme il est impossible aux sociétés d'auteurs de prendre note de toutes les œuvres diffusées par toutes les radios, il est décidé que chacune versera une redevance proportionnelle à son chiffre d'affaires. La représentation est ainsi rémunérée globalement, statistiquement.

Aux États-Unis, les radios, tout comme les *juke-boxes*, réussissent à éviter de payer des droits aux éditeurs de musique et aux producteurs de disques jusqu'en 1976.

Pendant la Seconde Guerre mondiale, de jeunes chanteurs noirs, imitant les *gospels* de la génération précédente, inventent les *doo-wop songs*, type de jazz plus élaboré voué à préserver leur identité. Comme ils le chantent dans le métro, le *rhythm'n blues* a tôt fait d'atteindre les milieux blancs où il devient le *boogie woogie* et le *be-bop*.

Premiers musiciens noirs à ne pas se conformer aux façons de voir des Blancs, Dizzy Gillespie, Miles Davis, Charlie Parker mêlent à leur musique Stravinski et Schoenberg.

Pendant ce temps, l'URSS stalinienne, l'Allemagne nazie, l'Italie fasciste et l'Espagne franquiste interdisent le jazz. Pour la première, il s'agit d'une musique bourgeoise ; pour les autres, d'une musique dégénérée. Pour les deux totalitarismes, c'est une manifestation intolérable du droit à l'improvisation. Ceux qui, en Allemagne, jouaient du jazz dans les boîtes de nuit doivent, dès 1933, se terrer, fuir le pays ou aller mourir dans les camps. Écouter du jazz en Europe occupée, devient passible de mort. Ainsi le théoricien nazi Fritz Stege justifie-t-il en 1938 l'interdiction de la musique noire américaine par le Reich :

« Si l'on interdit le jazz nègre, si des ennemis du peuple composent une musique intellectuelle privée d'âme et de cœur sans trouver d'auditeurs en Allemagne, ces décisions ne sont pas arbitraires [...]. Que serait-il arrivé si l'évolution esthétique de la musique allemande s'était poursuivie dans la direction des années d'après guerre ? Le peuple aurait perdu tout contact avec l'art. Il se serait spirituellement déraciné et d'autant plus qu'il aurait trouvé moins de satisfaction à une musique dégénérée et intellectuelle, bonne à lire plus qu'à écouter. Le fossé entre le peuple et l'art devenait un abîme impossible à franchir, les salles de théâtre et de concert seraient restées vides, et les compositeurs qui travaillent dans une direction opposée à l'âme populaire n'auraient plus eu comme auditeurs qu'eux-mêmes, à supposer qu'ils aient pu continuer à comprendre leurs propres élucubrations[1]. »

De tels orchestres continuent d'exister là où le but du travail forcé est l'extermination : mort et musique restent un couple indissociable...

Comme la Première Guerre mondiale avait engendré la radio et le *pick-up*, la Seconde est l'occasion de la mise au point de la vinylite, matière plastique permettant de produire la bande magnétique et un disque de bien meilleure qualité : le microsillon. En 1945, RCA sort un disque « 45 tours » — avec seulement quatre titres — qui s'impose dans les *juke-boxes* et les stations de radio spécialisées (fréquences AM). En 1948, Columbia sort le « 33 tours » qui peut contenir beaucoup plus de temps de musique et que les radios FM, de

1. Fritz Stege, *La Situation actuelle de la musique allemande*, 1938.

meilleure qualité sonore, imposent ; le « 78 tours » disparaît peu à peu. Les ventes de 45 et 33 tours se développent massivement. Les firmes se concentrent, notamment autour des marques Decca, RCA, EMI ou Columbia. Muzak continue de prospérer en proposant aux radios et aux lieux publics des programmes sur bandes magnétiques reliant de plus en plus finement musique et productivité. En France, les radios privées ont disparu. Ailleurs elles prospèrent et avec elles la musique.

Tous ces développements annoncent un nouveau visage du capitalisme : désormais, bien des objets produits en série sont composés d'une partie mobile et d'une autre fixe ; une modification majeure du mode de production de la partie mobile oblige à changer et l'une et l'autre. Après le disque et le tourne-disque viennent ainsi l'ampoule et la lampe, la lame et le rasoir, la cartouche et le stylo, la pellicule et l'appareil photo, le film et la caméra, le CD et son lecteur, le logiciel et l'ordinateur, la cassette-vidéo et le magnétoscope.

L'économie de la répétition se met en place.

L'ÉCONOMIE DE LA RÉPÉTITION

Comme le modèle de la représentation a bouleversé l'organisation économique et les institutions politiques, celui de l'enregistrement entraîne un renversement de toutes les perspectives sociales. La musique ne satisfait plus une demande de sacré ni même de spectacle, mais d'identité. Il faut maintenant en susciter la demande, orienter vers elle les désirs et s'assurer les moyens de la produire.

Produire la demande : la jeunesse sans témoins

Après la guerre, la jeunesse n'entend plus vivre sous les yeux des adultes ; elle veut se rencontrer sans témoins. Portée par la nouvelle croissance économique qui lui donne les moyens de son autonomie, elle a faim de musique pour danser, flirter, séduire, pour la première fois hors la surveillance des adultes.

Il lui faut pour cela un produit syncrétique, capable d'animer les soirées, les « surprise-parties ». Un marché considérable, unifié, standardisé, se met en place autour d'un style *high school.* Ce sera le *rock'n roll*, version blanche du *rhythm'n blues* et du *be-bop*, exprimant l'espérance de la classe moyenne, la vie rêvée, *pop*, à la fois relation fraternelle, esquisse de relations érotiques et système de valeurs apolitique, a-conflictuel, idéalisé, filtrant le désespoir noir, danse codifiée laissant une certaine place à l'improvisation, mais accessible à tous. Le rock est aussi une danse venue du swing, du blues et du lindy hop sur un pas de base à six temps.

En 1951, Alan Freed, animateur d'une émission de radio qu'il nomme « Moondog's Rock'n Roll

Party », est le premier à faire entendre cette musique à un large public. En 1953, le premier tube du rock'n roll est *Crazy Man Crazy*, de Bill Haley, adaptation d'un rythm'n blues par des musiciens blancs de *country music*. Haley est le premier Blanc à oser interpréter ce genre de chansons. En 1954, Bill Haley, grâce au triomphe de son *Rock around the clock*, marque la prise de pouvoir des jeunes Blancs américains sur la musique du monde.

Puis apparaît Elvis Presley qui, cette année-là, enregistre *That is all right, Mama*, suivi par Gene Vincent, Chuck Berry (avec *Maybeline*), Fats Domino, Little Richard, et, en 1965, Bob Dylan — avec *Like a Rolling Stone*, première chanson écrite pour la guitare électrique —, l'année même où Jim Morrison commence à songer à créer les Doors avec Manzarek. Le marché explose avec les Beach Boys, Simon & Garfunkel, les Beatles et les Rolling Stones. En France, à côté de Jacques Brel et Barbara, venus du cabaret, on fait un succès aux Chaussettes noires, à Johnny Halliday, et aux « yéyé ».

La censure réprime les rares discours violents de ces chanteurs populaires. Ainsi le groupe Jefferson Airplane est-il condamné plusieurs fois à mille dollars d'amende pour non-respect des clauses de contrats de concert interdisant la violence verbale ; Grateful Dead à cinq mille dollars, au Texas, pour les mêmes raisons ; Country Joe McDonald à cinq cents dollars et à avoir les cheveux coupés à ras pour avoir prononcé le mot *fuck* dans le Massachusetts ; Jim Morrison à six mois d'emprisonnement et cinq cents dollars d'amende pour « exposition indécente » et « emploi d'un langage grossier » en Floride[1].

Premières dissonances : Jimi Hendrix meurt à Londres en 1970. Morrison meurt d'une crise cardiaque à Paris en 1971. Des Noirs jamaïcains (tel Bob Marley) se font entendre aux États-Unis. La plupart d'entre eux restent des marginaux, même si on aura à en reparler pour leurs prophéties de temps encore à venir...

La radio et la télévision s'installent comme les vitrines ou les dépliants publicitaires de l'industrie du disque. En France, la consommation de musique explose avec l'apparition des radios privées à partir de 1981. L'industrie du disque et celle des médias s'interpénètrent pour vendre leurs produits. Les majors paient, plus ou moins directement, le passage de leurs titres sur les ondes. Directeurs musicaux des « majors », producteurs, programmateurs de radio et de télévision, *disc-jockeys* (DJ) des boîtes de nuit, *rack-jobbers* organisent la rotation rapide des stocks[2]. Parfois, le matraquage est considérable : les cent titres les plus vendus en 1999 sont passés au total un demi-million de fois sur les ondes, et sur les deux cent mille titres disponibles, cinquante seulement passent en boucle tous les jours. Le nombre de titres passant sur les radios baisse de moitié en quatre ans. C'est parfois efficace : les radios ont l'obligation de passer 60 % de musique francophone, et 56 % des

1. Cité dans Daufouy et Sarton, *Pop Music Rock*, *op. cit.*
2. *Cf.* le rapport de J.-L. Tournier, directeur général de la Sacem, au XXXe congrès de la CISAC, le 27 septembre 1976.

ventes portent sur cette musique. Mais les contre-exemples sont innombrables de chansons « matraquées » sans succès, ou d'autres, délaissées par les programmateurs, et qui se vendent par millions.

L'essentiel de la variété érige la jeunesse en une société à part, dotée de sa propre culture, de ses propres héros et de ses propres batailles. Elle lui apprend son futur métier de consommateur : se plier à des modes, vouloir ce que désire l'autre, s'intégrer au groupe en cherchant à posséder ce que tout le monde a ; mais aussi chercher le neuf pour se distinguer des adultes. *Ce qui compte, c'est la différence du groupe tout entier avec ce qu'il était la veille*, au gré d'une infinie variété de styles et d'icônes. La musique est alors relation et non plus seulement spectacle, facteur de rassemblement tribal — jeunes contre adultes — et non plus occasion de différenciation individuelle.

Cette socialisation par l'identité de la consommation, cette production en série de tribus de consommateurs, ce rejet de ce qui était hier une preuve d'existence, tout cela dépasse très largement le cadre de la musique. Ainsi voit-on la mode vestimentaire devenir, avec le jean, une succession d'uniformes. Et la répétition de s'afficher partout sans honte, chez des enfants fascinés, comme au son du joueur de flûte de Hamel.

L'économie suppose bien sûr que les jeunes aient les moyens d'acheter ces objets ; l'argent de poche n'est plus alors une donnée anecdotique, mais un instrument stratégique. Si la famille se dissout et ne le finance plus, l'enfant se le procure de toutes les façons possibles.

La musique n'est plus un rituel de gestion de la violence, mais un processus d'intégration, de passage à l'âge adulte de jeunes s'isolant culturellement de plus en plus tôt de leurs parents.

Puis commence une autre révolution, elle aussi initiée par la musique et pour les jeunes : le *nomadisme.* Comme ils veulent pouvoir écouter de la musique hors de chez eux, sans leurs parents, vient pour eux le temps des *objets-nomades.*

D'abord, à la fin des années cinquante, c'est l'apparition des électrophones portatifs à piles, qui accompagnent les premières sorties automobiles des adolescents américains. Puis la cassette et la minicassette leur permettent d'enregistrer la musique entendue à la radio — première copie privée — et de la réécouter où qu'ils se trouvent.

Né de la volonté d'échapper à la famille, le nomadisme franchit un seuil considérable avec l'invention par Sony, en 1979, du *walkman* dont le nom y renvoie explicitement. Même si la légende veut que l'inventeur, M. Morita, y ait pensé en jouant au golf, la jeunesse en est le premier marché. Pour la première fois, la musique s'écoute parmi la foule dans une complète solitude ; elle devient même source d'isolement. Elle n'est plus facteur de socialisation, mais annonce d'une juxtaposition d'autistes.

En 1984, l'évolution se poursuit avec le disccompact laser qui, en reproduisant le son avec des fréquences supérieures à celles audibles par l'homme

(20 000 Hz), élimine les bruits de fond. Vient ensuite le disque numérique, le DVD, qui améliore encore la qualité du son et le lie à l'image.

Parallèlement, la consommation de musique se développe mondialement ; elle devient même une mesure fiable du niveau de richesse d'un pays : dans les plus prospères — les États-Unis — on achète en moyenne quatre albums par an ; en France, seulement deux. Partout la musique devient signe de richesse, d'insouciance, de liberté.

Orienter le désir : hit-parade, star-system et dictature de la majorité

Pour faire désirer l'objet-musique, il faut lui attribuer une valeur. Elle ne peut être celle du rituel ni celle du spectacle, désormais absents l'un et l'autre. Sa valeur se mesure dès lors à sa capacité d'attirer un très grand nombre de consommateurs — à son succès commercial.

C'est en Californie, dans les années trente, que commence à s'afficher la mesure des ventes de disques, d'abord dans les journaux professionnels, tels *Cash Box* et *Bill Board* : mesures sérieuses et honnêtes, indispensables pour organiser la rémunération des auteurs et des interprètes et suivre l'évolution des ventes.

Les vendeurs réalisent que les jeunes achètent ce qui se vend, que les succès et leur annonce accélèrent les ventes, que le classement au *hit-parade* devient une incitation à acheter. La valeur d'une œuvre est alors non seulement reflétée, mais aussi *créée* par sa position dans le hit-parade : un titre qui n'y est pas classé n'a pas de valeur. Mieux il est classé, plus il se vend ; et plus il se vend, mieux il est classé.

Les hit-parades, les Top 10, 40 ou 50, s'installent alors comme les moteurs essentiels de l'économie répétitive. Pour des chansons quasi identiques, à prix équivalent, arrivant trop nombreuses sur le marché pour être toutes écoutées par les consommateurs, voire par les programmateurs de radio, la différenciation ne peut être opérée que par un classement extérieur reconnu comme légitime par les consommateurs.

Mode d'estimation de la valeur qui relève à la fois du marché (les ventes) et de la démocratie (le processus électif), le hit-parade renvoie à la forme rêvée de l'« économie démocratique » où le prix n'est plus le déterminant de la valeur et où le choix s'exprime par les préférences exprimées par l'ensemble des consommateurs, quels que soient leur fortune, leur influence ou leur pouvoir.

Parfois, par antiphrase, on valorise les « séries limitées » afin d'attirer l'attention sur le rare, autre source d'identification à l'élite.

La noria du hit-parade organise aussi celle des vedettes : elles ont l'âge idéalisé de leur public, et cet âge baisse avec l'extension du champ de la répétition. Face à ces vedettes de plus en plus fugaces, l'enfant est à la fois produit de consommation et consommateur, au sein d'une société « cannibale ».

Comme du succès dépend la valeur, d'aucuns sont tentés de truquer les listes, d'y introduire des titres nouveaux non vendus dans le but de les faire vendre. Pour rendre vrai ce qui ne l'est pas *(self-fulfilling prophecy).* Le classement n'est plus alors le reflet des désirs des consommateurs, mais de ceux des producteurs. Et la rapidité du déclin d'un titre dans un hit-parade devient très largement fonction du nombre et de la qualité des nouveaux titres en attente.

Né avec la musique, le hit-parade n'y est pas resté cantonné. Il sert désormais à établir une hiérarchie de valeurs entre des objets à prix indifférenciés (livres, journaux, émissions de radio, de télévision, films), à délimiter des sujets de conversation entre ceux qui le connaissent, et à fournir des renseignements à ceux qui les convoitent.

Avec le culte du hit-parade, les médias ne diffusent bientôt plus que de l'information : sur le spectacle politique par le classement de popularité des politiciens, sur celui des objets par les hit-parades, sur celui des émissions par « audimat », etc.

L'usage n'est plus alors que l'affichage de la vitesse de l'échange. C'est la *dictature du marché.* Et comme chacun ne vaut plus que par la dimension du réseau auquel il appartient, c'est aussi la *dictature de la majorité.*

Dans ce contexte, la fonction du musicien n'est plus, comme dans la représentation, d'incarner le bouc émissaire, mais d'être un *modèle à répliquer.* Sans cesse changeant, toujours menacé de mourir sous les coups de ses adorateurs, il se décline en objets, comme les dieux Hopis se répliquaient en poupées *kachinas*. Avoir un enregistrement, ce n'est plus jouir d'un spectacle, c'est devenir propriétaire d'une parcelle de son auteur, en faire ce qu'on veut, le faire mourir en le déclassant dans les hit-parades, l'emporter dans ses fantasmes, lui faire vivre ses propres aventures, meubler sa mémoire de vies rêvées avec lui, vivre sa célébrité par procuration, et, pour exister, s'oublier dans la vie des étoiles, refuser leur mort comme dans le cas de Jimi Hendrix, Jim Morrison, Bob Marley, Elvis Presley, Michel Berger ou Claude François.

Produire l'offre : des « majors » pour les objets nomades

À leur apogée, vers 1975, les ventes de disques de tous formats et de toutes vitesses atteignent le milliard d'unités par an ; tous les vinyles disparaissent vers 1980, et avec eux leurs appareils de lecture, au point qu'il est désormais difficile pour les amateurs de leur trouver des pièces de rechange. Des collections entières de disques deviennent inaudibles, sauf à être « repiquées » pour les nouveaux systèmes de lecture.

Les ventes de cassettes sont à leur sommet, en 1990, d'1,5 milliard d'exemplaires, pour revenir à 700 millions en 2001. Les ventes de CD atteignent cette année-là 2,5 milliards d'unités, avant d'être à leur tour relayées par celles des DVD.

Au total, le marché mondial de « phonogrammes » est aujourd'hui de 3,3 milliards d'unités par an, pour un chiffre d'affaires total de l'industrie de la musique de 40 milliards de dollars (dont plus du tiers aux États-Unis, et 5 % en France), soit le triple de ce qu'il était en 1984 (mais moins d'un 1 ‰ de l'économie mondiale...).

Étrange industrie à la frontière entre le marketing le plus sophistiqué et l'artisanat le plus imprévisible. Elle englobe désormais tout un ensemble de technologies et d'intérêts divers autour de groupes constitués d'abord à partir d'éditeurs musicaux et de radios (EMI, RCA, CBS), de producteurs de cinéma (Pathé, Warner, Universal), de fabricants de lecteurs de phonogrammes (Philips, US Gramophon). Puis, dans les années soixante-dix, des groupes financiers rachètent producteurs et éditeurs de musique : Gulf & Western (conglomérat travaillant dans le pétrole, l'immobilier et les cigarettes) rachète le producteur Volt (qui a sous contrat Otis Redding) ; une compagnie d'assurances, TransAmerica Corporation, reprend Liberty et World Pacific (avec Ravi Shankar). En 1981, Westinghouse rachète Muzak. Pathé-Marconi et Virgin, lancé dans les années quatre-vingt (Sex Pistols, Étienne Daho, Rolling Stones, Janet Jackson...), sont rachetés par EMI (maître de toute la *pop music* britannique). Philips vend Polygram à Seagram. EMI, Warner (avec Madonna) passe sous contrôle de Time, puis d'AOL.

Universal (Marley, U2, Johnny Halliday) rachète Deutsche Gramophon et contrôle quasiment toute la musique classique avant de se faire racheter par Vivendi. Sony (avec Pink Floyd, Oasis, Jennifer Lopez) s'installe en puissance et achète CBS.

Cinq entreprises, à côté des petits labels, contrôlent aujourd'hui les quatre cinquièmes du marché mondial de la musique et les neuf dixièmes du marché américain : EMI, Warner, Bertelsmann, Vivendi-Universal et Sony. EMI et Warner tentent de se regrouper. Ces groupes contrôlent l'essentiel de la production des artistes qui ne peuvent pas en général racheter leurs contrats, même si leur label est racheté par un autre. En France, les directeurs artistiques choisissent chaque année une vingtaine de nouveaux chanteurs à lancer sur les 500 000 cassettes reçues et les 50 000 groupes de rock existants. C'est par ces responsables artistiques que se forme l'essentiel de l'esthétique de la répétition.

L'ESTHÉTIQUE DE LA RÉPÉTITION

La répétition n'est pas seulement l'enregistrement de la musique de représentation. C'est aussi la naissance d'un style particulier, « répétitif », comme il y eut naguère un style représentatif. En voici les caractéristiques :

L'obsession de pureté

Les repiquages des enregistrements de disque en cassette, de CD en DV, conduisent peu à peu à éliminer chuintements et parasites, traces de la représentation. Ce qui compte désormais, c'est la pureté clinique de l'acoustique, sa distance d'avec tout spectacle. L'esthétique nouvelle exclut l'erreur, l'hésitation, le parasite — sauf lorsqu'il s'agit du repiquage d'un concert mémorable. Elle fige l'œuvre hors de la fête, de l'incident, dans une perfection abstraite, désincarnée. Elle fait oublier que la musique est hésitation et balbutiement, improvisation et recréation. L'idéal musical devient propreté, pureté, et l'auditeur en vient à se comporter comme un ingénieur, un technicien.

Cela exige des interprètes d'un genre nouveau, virtuoses de phrases brèves, capables de refaire à l'infini des prises perfectibles grâce à divers trucages sonores. Tous les montages deviennent possibles. Elizabeth Schwartzkopf « prête » ainsi deux contre-*ut* dans l'enregistrement de *Tristan et Iseult* par Kirgsten Flagstad[1] ! Glenn Gould fait mixer ses interprétations des *Variations Goldberg* de Bach. Les musiciens des orchestres symphoniques de Londres et de Berlin, ceux de Janis Joplin ou de Phil Collins, de Madonna ou Michel Jonasz, ne sont d'ailleurs pas les mêmes à la scène et en studio.

1. Cité par Rolf Liebermann, *Actes et entractes*, Stock, 1976.

Musiciens et interprètes se séparent alors en deux classes : d'un côté les vedettes de la répétition, désincarnées, triturées, manipulées, recomposées, starisées dans des concerts où on ne les voit que de loin, déifiées dans leur pureté de virtuoses, démultipliées par les potentialités numériques ; de l'autre, les « fonctionnaires » de la musique, résidus de la représentation — moyennant certains passages de l'une à l'autre classe.

L'obsession répétitive

La musique de la répétition ne peut que devenir elle-même proprement répétitive.

Depuis que le *Boléro* de Ravel, en 1929, en annonce prophétique de la Grande Crise, cassa une mélodie ressassée par une dissonance, la musique savante renvoie à la répétition. Steve Reich, Philipp Glass et Terry Riley débouchent sur une musique répétitive. En 1966, *InC* (en ut majeur) de Terry Riley demande aux interprètes de jouer ensemble et à leur guise cinquante-trois motifs à répéter ! Dans *Four Organs* de Reich, en 1969, quatre orgues électriques enchaînent un même accord et font se chevaucher les notes plus ou moins tenues qui le composent. En 1985, *New York Counterpoint*, du même auteur, fait se répéter douze clarinettes.

Dans la musique populaire, la répétition est aussi partout. Sous le nom de « variétés », d'innombrables chansons reproduisent à peu de chose près les mêmes thèmes, des chanteurs s'imitent à l'infini.

Le rythme lui-même, depuis le jazz, se fait répétition : la musique *techno*, qui accompagne les *rave-parties*, se croit rébellion alors qu'elle ne fait que conférer une dimension esthétique à l'intégration à un monde répétitif. Elle commence à Detroit, en 1989, dans les usines en ruines de l'industrie automobile américaine où des disc-jockeys viennent organiser des fêtes avec des bases d'échantillons sonores et des boîtes à rythmes, le tout mêlé sur ordinateurs. La cadence répétée (comptée en battements par minute), la violence du son et l'absence de paroles visent à remplacer, sur place, le bruit des machines : défi au chômage, rappel que le cœur des hommes et celui de la ville battent encore. Les *ravers* se retrouvent de fête en fête sous la direction des « DJ » qui organisent les mélanges et les « voyages » avec plus ou moins d'« acide »... Derrick May, Carl Craig, Jeff Mills font ainsi danser une jeunesse aussi têtue que désespérée, qui refuse d'admettre ou simplement de regarder le monde.

L'ambition scientiste

La musique savante devient jeu avec les bruits de la vie. En 1913, Russolo parle des « portes à coulisses des magasins, du brouhaha des foules, des tintamarres différents des gares, des forges, des filatures, des imprimeries, des usines électriques, des chemins de fer souterrains et des bruits absolument nouveaux de la guerre moderne ». Il invente un orchestre de vibrateurs, hurleurs, siffleurs. Parfois, les musiciens s'efforcent d'imiter les bruits des machines avec des instruments classiques. En 1924, dans *Pacific 231*, Arthur Honegger tente de reproduire le sentiment d'accélération et de ralentissement qui rythme les roues d'une locomotive. L'industrie géante, bruyante, dévoreuse d'hommes et de métiers, inspire en 1925 *Le Pas d'acier* à Serge Prokofiev. Alexandre Mossolov compose *Fonderie d'acier*, et Carlos Chávez, *HP* (*House Power*). D'autres mêlent des bruits industriels aux instruments de l'orchestre : en 1926, l'Américain George Antheil compose un *Ballet mécanique* avec accompagnement d'hélices d'avion.

Prolongeant les efforts viennois de l'entre-deux-guerres, la musique savante vient ensuite définir, à sa façon, différente de la musique populaire, une nouvelle esthétique de la répétition, à la fois scientifique, universelle, abstraite et aléatoire.

L'invention et la production d'instruments, presque interrompues depuis trois siècles, recommencent. Par les possibilités qu'ils offrent — « théorie réalisée », dit le philosophe Jean-François Lyotard —, les instruments nouveaux contribuent à la naissance d'une musique inédite, à la syntaxe renouvelée. Ce sont d'abord les ondes Martenot, premier instrument électrique inventé en 1928, dans lequel le son est produit par les battements entre deux circuits saillants groupés. Le seul instrument électronique à avoir été admis dans un orchestre symphonique. Puis la numérisation du son, inventée par Mattheus en 1957, permet de produire en 1959, avec *Music III*, le premier compilateur capable de faire de la musique en combinant des programmes préexistants. La langue universelle est là : c'est le langage binaire : Pierre Henry et Pierre Schaeffer en sont, en France, les premiers utilisateurs. La première œuvre symphonique pour ordinateur est le *Répons* de Pierre Boulez. D'autres suivent. Au lieu d'obéir à une partition et à un chef, la musique est alors confiée aux hasards de programmes préétablis, d'un monde aléatoire aux lois statistiques.

Cette musique savante croit alors avoir trouvé une langue scientifique, mêlant son et espace, architecture et musique. Pierre Boulez écrit à ce propos : « Notre époque sera occupée — et cela, pendant plusieurs générations — à construire et à structurer un langage nouveau qui sera le véhicule des chefs-d'œuvre du futur. » Un autre musicien, architecte de formation, Iannis Xenakis, précise : « La musique est, en pensée, unifiée aux sciences. Ainsi, pas de rupture entre elles et les arts. Désormais, le musicien devra être un fabricant de thèses philosophiques et d'architectures globales, de combinaisons de structures et de formes. » La musique se veut théorie générale de toutes les sciences, avant-garde du savoir futur. Xenakis encore : « Les musiciens auraient pu, pour le compte de la physique du XIXe siècle, créer la structure abstraite de la théorie cinétique des gaz, uniquement pour les besoins de et par la musique... »

Et encore : « La pensée musicale fut très en retard sur les pensées physique et mathématique, avant-garde coupée de la philosophie ainsi châtrée. Il est nécessaire qu'elle les rattrape pour les guider à nouveau, comme au temps de sa naissance pythagoricienne, avons-nous décidé. » Redevenue avant-garde de la science, la musique doit se mouvoir dans un champ abstrait, sans traces mélodiques, sans expression du corps ou de l'esprit. Se voulant scientifique, elle atténue sa spécificité et réduit sa syntaxe dans le but de tout unifier. Stockhausen affirme : « En définitive, je veux tout intégrer ! » La musique est recherche d'une spécificité abstraite, inimitable et cryptée (« Tout ce dont il est facile d'imiter le style me paraît suspect[1] », souligne encore Stockhausen).

La mondialisation répétitive

Une esthétique internationale s'installe ainsi dans un dépassement des traditions culturelles nationales, dans la recherche d'un espéranto numérique, dans l'illusoire espoir d'une unité mondiale mêlant musique, sciences et technologies.

En cela musiques savantes et populaires se rejoignent dans l'universalité de leurs ambitions. Les devises des « majors » de la distraction sont d'ailleurs on ne peut plus proches des discours des théoriciens de la musique savante. Time Warner

1. Karlheinz Stockhausen, *VH 101*, hiver 1970-1971.

proclame : « *The world is our audience* » ; Sony conseille : « *Think globally, act locally* » ; et BMG se donne pour mission « *to globalize local repertoire* »...

La musique atteint alors un de ses objectifs utopiques du siècle précédent : devenir la langue universelle. Elle se constitue en un ensemble planétaire, où les hit-parades se ressemblent de plus en plus d'un lieu à l'autre, où les musiques entendues dans les clubs, les ascenseurs, les aéroports, les radios sont les mêmes dans tous les coins de la planète. Où une mélodie peut se répandre en quelques semaines et disparaître aussi vite. Où les *boys bands* et autres *Spice girls*, conçus pour être mondialement acceptés, renvoient à une image standardisée de la jeunesse et se mêlent au reste de la distraction, par le clip et le cinéma.

Le monde se met alors à battre au rythme d'une musique lancinante, véritable bruit de fond, instrument d'un ordre social répétitif, jamais pourtant totalement maîtrisé.

LA FONCTION DE LA MUSIQUE RÉPÉTITIVE

Combler la solitude

Dans les pays développés, la peur première n'est plus celle de la misère, mais celle de l'excès de solitude. Et la musique permet à chacun, pour isolé qu'il soit, de croire qu'il n'est pas seul : sa présence sous toutes les formes est présence de l'autre, réassurance de vie.

Vers 1960, le musicien américain John Cage écrit : « Il y a tout de même à réaliser une musique d'ameublement, c'est-à-dire une musique qui ferait partie des bruits ambiants, qui en tiendrait compte. Je la suppose mélodieuse, elle adoucirait le bruit des couteaux et des fourchettes sans le dominer, sans s'imposer. Elle meublerait les silences pesant parfois entre les convives. Elle leur épargnerait les banalités courantes. Elle neutraliserait en même temps les bruits de la rue qui entrent dans le jeu sans discrétion. Ce serait répondre à un besoin[1]. »

La musique devient par là bruit de fond ; elle se glisse dans les espaces de plus en plus larges et lâches de la vie quotidienne : ascenseurs, usines, bureaux, hôtels, avions, voitures, ordinateurs, magasins, cafés, stades, parcs, salons, cimetières, cliniques, chenils, banques, piscines, restaurants...

C'est le triomphe de Muzak, nœud prophétique de la répétition, qui annonçait, dès 1922, l'invasion nécessaire de la vie par la musique, où que ce soit et chaque fois de façon spécifique. En 1975, un responsable de l'entreprise, David O'Neill, expliquait ainsi clairement :

« Nous ne vendons pas de musique, nous vendons des programmations. Pour un restaurant, les programmes du petit déjeuner consistent d'ordinaire

1. Extrait de *Silence*, cité par Anne Rey, dans *Erik Satie*, p. 170.

en nouveautés, sans trop de cuivres. Pour le déjeuner de midi, nous passons surtout des chansons accompagnées d'instruments à cordes. Pour une usine ou un bureau, le courant doit aller contre la courbe de fatigue professionnelle. Lorsque l'employé arrive le matin, il est généralement de bonne humeur, et la musique sera calme. Vers dix heures et demie, il commence à se sentir un peu fatigué, tendu, aussi lui donnons-nous un coup de fouet avec une musique appropriée. Vers le milieu de l'après-midi, il est probable que la fatigue va se faire à nouveau sentir : nous le réveillons une fois encore avec un air rythmé, souvent plus rapide que celui du matin... »

Aujourd'hui, les nouveaux responsables de Muzak, devenue très prospère, se définissent comme des « architectes audio » offrant par satellite un choix entre soixante programmes sur mesure, découpés en séquences de treize minutes et demie, intégrées en séries de huit heures.

Le marché peut être tranquille : les hommes ne se parlent plus. Ni d'eux-mêmes ni du monde. Ils laissent parler entre elles les marchandises somnambules, ultimes sujets de leurs rares conversations.

Métisser les rythmes

Vers 1980, on passe de la *pop music* à la *world music* qui métisse les rythmes, récupère les danses nées dans les quartiers chauds des ports, ménage une part croissante aux musiques du Sud, mêle instruments, styles et genres les plus variés.

D'abord le *tango*, né du conflit entre les immigrés de Buenos Aires et les grands propriétaires des campagnes. Puis c'est la musique cubaine, la *salsa*, qui déferle sur le monde. Le Buena Vista Social Club devient numéro un mondial dans les classements du *Bill Board* américain. Des interprètes espagnols (Julio Iglesias) et portoricains (Ricky Martin, Jennifer Lopez) succèdent aux artistes britanniques des années 1960, mêlant rock et rythmes latinos.

À partir de 1985, quand les *samplers* facilitent le panachage de sources sonores, tout se mêle davantage encore. Des groupes hispaniques du Bronx et de Spanish Harlem inventent le *latin soul* ; des stations de radio hispanisantes triomphent (WPOW à Miami, WKTV à New York), des chaînes de télévision musicales en espagnol (MTV Latin America) exigent des chansons et des airs mêlant rythmes latinos et pop music.

La musique francophone fait de même en amalgamant ses sources maghrébines et africaines, à travers les radios spécialisées : Latina, Raï FM. Le *raï*, venu, comme le rock, de la musique des esclaves noirs du Maroc (les gnaouas), triomphe avec Manu Chao, Khaled, Cheb Mami, Rachid Taha qui mêlent la techno, la *new wave*, le *funk*, l'*oriental-groove* et le *rock* progressif. En 1992, *Didi*, de Khaled, connaît un succès mondial ; *Kenza* sort simultanément dans quarante pays et est numéro un des ventes en Inde et dans les pays arabes. Trente-quatre millions d'albums francophones ont été vendus à l'étranger en 2000. Aujourd'hui, Daft Punk, Cessius, et Gopher mêlent disco et funk.

Partout les immigrés acclimatent leurs musiques à celles de leurs pays d'accueil, et réciproquement. Les musiciens français — Julien Clerc, Claude Nougaro, Michel Jonasz — enregistrent aux États-Unis, les Américains font de même en Europe. Les musiques africaine, indienne et chinoise se mêlent aux musiques savantes et classiques occidentales. *Lambarena* mêle rythmes de pygmées et musique de Bach.

La répétition se nourrit des différences qu'elle intègre et recrée. En même temps, elle semble les réduire : de 1996 à 2000, en France, le nombre de titres passés à la radio est passé de 48 000 à 24 000. Le nombre d'interprètes de 28 000 à 7 000.

LA RÉPÉTITION, AU-DELÀ DES BRUITS

Encore une fois, la musique est annonciatrice de changements qui la dépassent : le silence tend à s'imposer aux créateurs sous toutes les formes ; les objets prolifèrent au-delà de leurs usages possibles — jusque dans la mort.

Faire taire la répétition

Pour les élites, le bruit des autres est toujours menace ou nuisance. Il est toujours violence. Ainsi ont-ils toujours voulu faire taire ou au moins maîtriser les bruits. Et, en particulier, dès qu'elle surgit, ceux de l'automobile. Quand elle se démocratise, objet répété, l'automobile introduit un bruit intolérable dans la ville. La société souhaite désormais vivre en silence. L'article 25 du décret du 31 décembre 1911, qui fait obligation de klaxonner, précise : « Toutefois, dans les agglomérations, le son émis par l'avertisseur devra rester d'intensité assez modérée pour ne pas incommoder les habitants ou les passants, ni effrayer les animaux. L'usage des trompes à sons multiples, des sirènes et des sifflets est interdit. »

Le bruit est de moins en moins toléré. En 1928, le Touring-Club de France souhaite obtenir du gouvernement une législation globale contre les bruits industriels et ceux de la circulation. Il prend pour devise : « Le silence de chacun assure le repos de tous. » Pour la première fois au monde, en 1939, un Code de la route, en France, réglemente le bruit.

À la même époque, Hitler écrit dans le *Manuel de la radio allemande* : « Sans le haut-parleur, nous n'aurions jamais conquis l'Allemagne. »

La lutte contre le bruit reprend après la guerre. L'ordonnance générale de police du 18 février 1948 sur la circulation précise que « tous les véhicules, sauf les poussettes et les voitures tirées ou poussées à bras, doivent être pourvus d'un avertisseur sonore qui doit être utilisé exclusivement à prévenir de leur approche les autres véhicules ou les piétons. Cet appareil doit avoir une portée suffisante et pouvoir être actionné de manière à laisser aux conducteurs et aux piétons le temps de se ranger ou de livrer passage ».

Un peu plus tard, au moins dans les villes politiquement les mieux contrôlées et les pays les plus développés, le bruit, quel qu'il soit, est considéré comme une pollution. Le silence s'installe : les moteurs deviennent discrets, le tapage nocturne est interdit, les gens s'enferment dans leur écoute silencieuse de la musique ou dans leurs monologues téléphoniques. On n'entend plus de cris d'enfants, d'éclats de voix, de claquements de portes, de cloches sonnant à la volée, de pas martelés. Dans les bureaux tapissés de moquettes et insonorisés, de plus en plus d'employés travaillent en silence face à leurs écrans, sans même un bruit de clavier.

Plus que jamais monopole du pouvoir, le bruit réapparaît à certains moments : forme dérivée de la violence masquée dans la fête, un soir de jour de l'an ou de victoire sportive, substitut du carnaval, lui-même substitut de la fête dionysiaque préalable au sacrifice. Moments rares où les hiérarchies se masquent sous les carrosseries, où une inoffensive métaphore de guerre civile parcourt, un temps, la cité. Il n'est alors que d'observer comment ce bruit — ou son expression gestuelle, la *ola* des stades — se propage pour y voir comme un souvenir de ce que devait être la propagation épidémique de la violence essentielle.

Le bal populaire, la *rave-partie* — ou leur ersatz mondain, la boîte de nuit — restent les autres exutoires tolérés de la violence. Carnaval sans carême et sans tragique canalisé, la musique n'y est qu'un masque de l'incommunicabilité, de la solitude de danseurs juxtaposés, du silence qu'impose l'intensité sonore, interdisant de parole ceux qui, de toute façon, ne veulent ou ne peuvent pas la prendre.

Domestiquer les créateurs

L'enregistrement musical préfigure la production en série d'autres objets à partir de moules ou de *matrices* : fichiers musicaux, films, livres, programmes d'ordinateurs, plans de voitures ou autres objets industriels, formules chimiques ou biologiques, etc.

L'industrie, qui n'a aucun intérêt à accorder aux *matriceurs* — c'est-à-dire à ceux qui *impriment une forme* à de l'information — des droits proportionnels au nombre d'exemplaires fabriqués ou vendus de leur innovation, s'ingénie à les intégrer en tant que salariés payés au forfait. Aussi la fonction créatrice et la rémunération qui lui est liée sont de plus en plus récupérées par les détenteurs du capital au détriment des matriceurs. Pour combien de temps ?

Une fois de plus, la musique sera prémonitoire : En basculant bientôt de la répétition en objets en une répétition virtuelle, elle échappera aux lois de l'économie, et ouvrira la bataille pour la gratuité de la création.

Empiler les vies

La répétition rend possible le stockage illimité du temps en des objets proliférants. Déjà la première de toutes les répétitions, celle de la monnaie, a résumé en un objet répété, la pièce ou le billet, le temps de la négociation du prix relatif de chaque objet par rapport à chaque autre. L'argent économise le temps du troc.

L'enregistrement de la musique amène le stockage du temps du rituel. D'autres formes de stockage du temps sont apparues avec l'avènement et la diffusion d'autres objets : le livre, la photographie, le cinéma.

Mais l'enregistrement n'économise pas du temps. Même enregistrée, la musique exige, pour être écoutée — comme le livre pour être lu — une durée incompressible. Plus on stocke de la musique, plus on aura besoin de temps pour l'entendre. Conçus pour gagner du temps, le gramophone et ses successeurs en sont ainsi devenus les principaux consommateurs.

Ici point la contradiction majeure de la répétition : chacun *consacre son temps de travail à gagner les moyens de s'acheter l'enregistrement du temps des autres* au point de ne plus avoir le temps d'entendre et de voir tout ce que ces moyens mettent à sa portée. On achète plus d'enregistrements qu'on ne peut en entendre. On stocke ce qu'on voudrait trouver le temps d'entendre, ce qu'on voudrait se souvenir d'*avoir entendu*. On se donne le spectacle de l'empilement silencieux de ces enregistrements pour se convaincre qu'on ne mourra pas avant de les avoir entendus, avant d'avoir donné vie à ce temps entreposé, mis « de côté ». *Le stockage de la musique est donc, une fois encore, conjuration de la peur de la mort.*

Plus généralement, pour entretenir sa croissance, l'économie a besoin qu'on achète plus que ce qu'on peut consommer, qu'on stocke de l'usage futur, qu'on empile ce qui prolifère. Pour y parvenir, il lui faut faire désirer le non-usage des choses, faire de l'accumulation pure une forme de jouissance, pousser chacun à se conduire en collectionneur, en Don Juan dont la jouissance s'arrête à la contemplation de son tableau de chasse.

Si le destin de la musique annonce celui qui attend d'autres services — éducation, santé, etc. —, le savoir, la nationalité, l'amour, la vie, la mort seront à leur tour peu à peu piégés dans l'échange : on en vendra d'abord le spectacle, puis la réplication, et enfin le stockage.

Et comme le stockage matériel finira aussi par atteindre ses limites — l'encombrement, la saturation des étagères — l'objet lui-même sera remplacé par sa matrice, signe pur, en un stockage virtuel théoriquement non dégradable et illimité. La vie ne sera plus alors qu'une infinie accumulation de bibliothèques imaginaires.

Stocker les morts

L'acte le moins dissociable de son « usage », la mort, n'échappera pas non plus au stockage.

D'abord, c'est de la mort que vient dans la société occidentale l'idée même de « représentation ». C'est par sa représentation sous forme de la croix, puis du gisant, effigie du corps du roi, que l'idée de la mort s'est d'abord distinguée de sa réalité. Puis, elle a été mise en scène et vendue dans des spectacles de toutes sortes, des jeux du cirque et des mystères médiévaux jusqu'aux meurtres en série dont l'audiovisuel se nourrit désormais avec ses reportages ou ses reconstitutions de la violence du monde.

Aujourd'hui commence à émerger le droit de faire de sa propre mort un acte de liberté, un choix, un service à consommer : la légalisation progressive et prudente de l'euthanasie tend à transformer la mort en un service marchand que reflète aussi, à l'extrême, le fantasme californien des *suicide motels*, où chacun pourrait choisir et acheter une mise en scène de son propre trépas : sans douleur, gai, triste, solitaire, collectif, lointain ou familial, en public ou en privé, etc.

Dans un autre stade non encore concrétisé, la mort pourrait, comme les autres services, se transformer en objet empilable. Ce qui supposerait de pouvoir séparer l'achat du droit à une mort particulière de sa mise en œuvre, de collectionner en somme des moyens de se donner la mort, des droits à des morts différentes, à des morts enregistrées.

Enfin, dans un dernier stade, on pourrait, par le clonage, ouvrir un droit à plusieurs vies, donc à plusieurs morts successives.

Cette mise en place d'une répétition de la mort peut paraître invraisemblable, puisque chacune de ses formes est, par définition, exclusive des autres. Pourtant, d'une certaine façon, elle est déjà réalisée. S'il est à l'évidence difficile d'inciter des humains à acheter des droits à mourir plusieurs fois, on peut bien plus aisément leur faire voter des budgets de la Défense finançant de tels droits sous prétexte de les défendre. On dispose ainsi déjà des moyens de détruire plusieurs milliers de fois la planète — soit le plus grand stockage collectif de la mort qui se puisse imaginer.

À cette répétition collective succédera sans doute un jour une répétition individuelle. La fin du conflit Est-Ouest et des risques de conflit planétaire pourrait conduire à remplacer les stocks d'armes nucléaires par une libéralisation de l'euthanasie, du clonage et des *suicide motels*. Déjà, la multiplication des tueurs en série, le débordement de violences meurtrières des enfants laissent présager comme un retour du désir de mort, comme une nostalgie de son refoulement antérieur par la tension géopolitique.

Étrange conclusion, j'en conviens : la course aux armements était probablement la meilleure, voire la seule protection contre la constitution de collections privées de droits au suicide ou au meurtre.

Dans un coin du *Combat de Carnaval et de Carême*, quatre personnages font circuler entre eux des cruches identiques — échange sans usage d'objets répétitifs. Et les brisent.

Bruegel annonce, par l'absurdité de cette figure, les dangers que fait courir l'accélération de la répétition.

Faut-il souhaiter qu'elle aille jusqu'à son terme pour faire naître autre chose ?

Faut-il que Carême supplante Carnaval pour espérer voir émerger les conditions de la Ronde ?

5

COMPOSER

Les occasions sont trop rares, dans le tumulte du temps présent, d'apercevoir un des aspects de l'avenir, pour qu'on ne tente pas de le recomposer tout entier à partir de ce que nous en dit, une fois de plus, la musique.

Aujourd'hui commence une nouvelle ère que les outils anciens de la pensée ne permettent ni de prévoir ni même d'imaginer. Ce ne sera ni un retour au rituel, ni un retour du spectacle, l'un et l'autre broyés par le passage de la répétition ; mais, au contraire, l'avènement d'une forme radicalement neuve de l'économie et de la politique.

Tout comme chaque instrument implique un espace sonore, un champ artistique, un univers imaginable, chaque avenir exige d'être pensé avec ses propres outils. Comme on n'a pas écrit *Incontri* pour un orchestre symphonique, ni les *Leçons de ténèbres* pour une guitare électrique, comprendre le futur exige d'utiliser les sciences qui le domineront, celles de l'information : elles renvoient à l'immatériel et d'abord à la musique.

Ainsi, comme chaque fois que s'amorce une mutation majeure, la musique est là. Non pas seulement dans un style, mais surtout dans une façon de gérer la violence. Cette fois, il ne s'agit plus de s'en servir pour prier, ni pour se convaincre de la valeur de l'harmonie, ni pour l'empiler, mais dans un but tout à fait différent : pour le plaisir de s'entendre jouer, par goût d'improviser, de composer et de partager sa composition, hors du commerce. Non pour miser sur l'éternité céleste, ni sur celle de la renommée, ni sur celle de la fortune accumulée, mais en se donnant à entendre gratuitement pour se prouver qu'on est vivant, pour durer dans le plaisir donné aux autres.

LA SUBVERSION PAR L'IMPROVISATION

Donner à entendre Bach et Stockhausen, Bob Marley et Jimi Hendrix, rendre disponibles toutes les musiques, répéter à l'infini des œuvres de plus en plus répétitives, ne produit — comme le montrent les *rave-parties* — qu'une juxtaposition d'autistes mimétiques, assourdis de rythmes en boucle, jouissant de leur soumission au vertige du même, dans le simulacre solitaire d'une métaphore oubliée. La violence cesse alors d'être circonscrite, et la répétition ouvre, annonce, prédit le retour de la réciprocité violente, d'une jeunesse meurtrière. Non pas la violence qui oppose des hommes que tout sépare, mais, au contraire, l'ultime affrontement de copies d'un même moule, qui, animées de désirs identiques, ne peuvent les satisfaire qu'en s'exterminant les unes les autres.

Face à cette violence par répétition vient bientôt le temps du refus. Déjà, au moins quatre révoltes désespérées contre la répétition revendiquent le *droit à improviser*. Toutes aujourd'hui récupérées, elles n'en annoncent pas moins un autre avenir.

Improviser sa musique : le free jazz

Le premier refus de la répétition surgit sur le lieu même de sa naissance : en Amérique, par la prise de conscience de certains musiciens noirs du vol, souvent consenti, de leur musique, et par leur tentative d'y échapper : ce sera le *free jazz*.

Tout commence un jour de 1960 quand, en studio d'enregistrement, Ornette Coleman, en double quartet avec Dolphy et Don Cherry, refuse de jouer ce qui est prévu par les producteurs et se lance dans une improvisation d'une violence inouïe. Un peu plus tard, avec Archie Shepp et quelques autres, il théorise son acte et prône le mélange de l'improvisation savante, de la musique populaire et des recherches théoriques les plus abstraites de la musique occidentale. Pour ce petit groupe, improviser constitue la meilleure manifestation de la liberté : c'est n'être tenu ni par une partition, ni même par un code musical. Improviser n'est pas imiter ; c'est faire ce qu'on veut à l'instant où on le veut ; c'est créer, après avoir fait table rase, sans référence à quoi que ce soit d'entendu auparavant. Si improviser est au cœur du jazz, depuis le début, le *free jazz* refuse ce qui faisait jusque-là le propre du jazz : la répétition. Il fait du droit à improviser sans limite la forme absolue de l'émancipation libératrice.

Autour de ces principes, les adeptes du *free jazz* entreprennent de rassembler un maximum de musiciens contre ceux qui les dirigent et surtout contre les « majors ». La réaction de celles-ci est brutale : Coleman et ses amis sont « ostracisés » ; on ne les enregistre plus, on ne passe plus leurs disques à la radio, on ne les engage plus pour jouer dans les clubs. Ils continuent pourtant d'organiser un mouvement qui, par ses références à l'Afrique et à la « beauté noire », s'inscrit dans une renaissance culturelle. Le 28 juin 1964, Malcolm X, inspirateur des Black Panthers et, un certain temps, membre des Black Muslims, s'approprie le free jazz dans un discours devant l'Organisation de l'unité africaine :

« Le musicien blanc peut jouer s'il a quelque partition devant lui. Il peut improviser à partir de quelque chose qu'il a entendu auparavant. Mais le musicien noir, lui, prend son instrument et souffle des sons auxquels il n'avait pas pensé auparavant. Il improvise, il crée, et cela vient de l'intérieur. C'est son âme, c'est la musique de son âme... Il improvisera ; il apportera quelque chose qui viendra du fond de lui. Et c'est ce que vous et moi voulons. Vous et moi, nous voulons créer une organisation qui nous donnera un pouvoir tel que nous pourrons nous asseoir et agir à notre gré[1]... »

À l'instar des Black Muslims ou des Black Panthers, certains musiciens basculent dans un refus, plus ou moins radical, de la société américaine. Le Roi Jones — qui écrit, en 1965, *Le Peuple du Blues* — change ainsi de nom, devenant Amiri Baraka. Bill Dixon et Archie Shepp créent d'abord en 1969 une sorte d'association syndicale, la Jazz Composers Guild, pour défendre leurs intérêts face aux « majors », puis, avec une trentaine d'autres musiciens, une coopérative, l'Association for the Advancement of Creative Musicians (AACM). L'une et l'autre, déclare Archie Shepp, doivent « lutter contre la dictature des directeurs de clubs, des compagnies de disques, des critiques », et multiplier les occasions de rencontre et de travail entre compositeurs et instrumentistes sans qu'ils soient obligés d'enregistrer au rythme exigé quand il s'agit de disques purement commerciaux.

Un peu plus tard, minée par les conflits internes, la Jazz Composers Guild cède la place à la Jazz Composers Orchestral Association créée par G. Thornton, A. Shepp et un Blanc, Mike Mantler. Elle tente de mettre sur pied un réseau pour l'organisation de concerts et la production de disques, mettant en commun droits d'auteur et subventions reçues d'universités et de fondations. Apparaissent

1. Extrait cité par Carles et Comolli, *Free Jazz et Black Power*, *op. cit.*, p. 34.

aussi des orchestres autogérés comme celui de Beaver (360 Degree Experience) et des compagnies de disques proprement noires telles que Third World, après Tamla Motown. Mais le succès n'est pas au rendez-vous. En 1973, un des membres de l'association, Billy Harper, écrit : « Nous commençons seulement à faire notre trou, et c'est très lent, car beaucoup de musiciens n'ont pas un sou [...]. Nous devons éliminer les studios et tous les intermédiaires qui augmentent inutilement les frais de production[1]. » La même année, G. Thornton, pourtant l'un des plus reconnus de ces musiciens, rapporte les difficultés qu'il a à se faire entendre :

« Mon enregistrement de *Freedom and Unity* date de 1967. Mais je n'ai pu produire le disque qu'en 1969, et c'est seulement en 1971 que les frais de production ont été amortis par la vente. L'objectif d'une marque comme Third World n'est évidemment pas d'ordre commercial. Il s'agit moins de vendre que d'amorcer un travail collectif permettant aux musiciens de progresser, chaque disque ayant valeur de document quant à l'évolution de notre travail [...]. Pour produire *Freedom and Unity*, j'ai travaillé comme clerc de notaire. En même temps, j'étais étudiant[2]... »

Après la mort de Martin Luther King, apôtre de la non-violence, assassiné pour avoir voulu se rapprocher du mouvement radical des Black Panthers, victime sans doute de la contre-violence policière, le

1. Billy Harper, *Jazz Magazine*, septembre 1973.
2. G. Thornton, *ibid.*, février 1973.

free jazz s'assagit. Archie Shepp, son leader, se résigne. Il écrit en 1976 : « Le peuple noir d'Amérique a adopté une position politique plus "réflexive", avec tout ce que ce mot implique [...]. Il n'est pas sage de prendre des risques inutiles, de s'afficher, de gueuler à la télévision : cela nous rend vulnérables à tous les niveaux, facilement identifiables par les forces réactionnaires[1]. »

Depuis, les artistes du mouvement continuent d'improviser leur musique sans plus y entendre autre chose qu'une forme d'art.

Ainsi la première rébellion musicale échoue parce qu'elle s'est voulue prise de pouvoir *dans* la société répétitive, et non pas organisation de son refus. Pourtant, en faisant de l'improvisation le cœur de son combat, elle annonce un autre rapport à la musique que d'autres révoltes — elles aussi largement récupérées — vont aussi illustrer.

Improviser sa parole : Rasta *et* dreadlocks

En Jamaïque, à la même époque, naît un des courants les plus importants de la musique populaire d'aujourd'hui, lui aussi fondé sur l'apologie de l'improvisation et le refus de la répétition. On pourrait y lire, bien à l'avance, l'amorce des révoltes urbaines d'aujourd'hui.

Des musiciens jamaïcains font évoluer à leur façon les musiques venues d'Haïti, des Gnaouas et

1. A. Shepp, *Jazz Magazine*, avril 1976.

de quelques ethnies africaines implantées dans l'île, des Fantis, des Ashanti et des Akwapim. À la différence de ce qui se passe à la même époque aux États-Unis, leur musique n'est pas récupérée par des compagnies privées, mais se déploie en d'innombrables mouvements religieux.

En 1907, un certain Marcus Garvey, animateur radical prophétisant la venue d'un messie qui ramènera le peuple noir en Afrique, utilise la musique pour rassembler autour de lui des foules significatives et faire connaître une certaine *Holy Piby*, mystérieuse Bible noire apparue en mille endroits en même temps. Dans cette île où la musique est inséparable du rituel et de la consommation d'une herbe, la marijuana — connue sous les noms d'*indica*, *satgiva*, *reefer*, *kaya*, *grass* ou *hemp* —, beaucoup de pauvres paysans, les *dreadlocks* — les déguenillés à cheveux longs —, se rassemblent derrière les idées de Garvey. Prédicateur religieux, agitateur politique mais aussi homme d'affaires, celui-ci part aux États-Unis en 1916, s'installe à Harlem, y organise des cérémonies de masse, crée un journal et même une compagnie maritime. Naturellement, les autorités américaines s'émeuvent et, en 1927, le renvoient vers la Jamaïque où il est aussi décrété indésirable. Il erre alors dans les Caraïbes, continuant d'annoncer la venue imminente d'un messie noir, quand, en 1930, en Éthiopie, Hailé Sélassié — de son vrai nom ras Tafari Makonnen — se proclame négus (c'est-à-dire « roi des rois »), descendant direct du roi David. Garvey le désigne alors comme le messie aux *dread-*

locks. C'est la naissance du *rastafarisme*, ou mouvement *rasta*. Déçu par le négus, Garvey ne tarde pas à s'en éloigner et s'installe en 1935 à Londres où il meurt dans la misère au début de la guerre. Mais ses idées lui survivront à travers poètes, animateurs, chanteurs et agitateurs.

Commencent en effet à circuler en Jamaïque des camions équipés de haut-parleurs et d'électrophones, des *sound systems* avec des animateurs — des *disc jockeys* — qui viennent faire danser les villages sur des disques de musiciens noirs américains. Ils font tourner les « faces B » de leurs 45-tours où se trouvent les musiques sans leurs paroles, qu'ils remplacent par des invitations à la danse et des imprécations proches des thèses de Garvey. Ces premiers *« DJ »* — Lord Koos, Count Nicks, Prince Buster, Duje Reid, Coxsone Dodd, Lee Little Perry... — greffent ainsi leurs poésies sur des musiques banales, puis de nouvelles musiques sur ces poésies sous les noms de *ska*, puis de *rockstead*. Le groupe Toots and the Metals invente alors le mot *reggae* — qui renvoie au « roi des rois » — pour désigner un tempo très aigu, très emphatique, charriant des paroles tendres et utopiques.

Lee Little Perry, puis Peter Tosh, Kool Herc l'illustrent jusqu'à l'arrivée en 1965 d'un jeune homme de vingt ans, Robert Nesta Marley, avec son groupe les Wailers : « Eux bien pleins mais nous avons faim. Une foule qui a faim est une foule en colère... » Quand, en avril 1966, le négus visite l'île, le mouvement est à son apogée.

Au même moment, aux États-Unis, d'autres chanteurs populaires expriment leur révolte contre la société : c'est 1968, avec le groupe noir Last Poets, qui déclame des textes très violents contre les Blancs. Puis, en 1969, Jimi Hendrix détourne à Woodstock l'hymne américain en un inoubliable solo de guitare. C'est aussi Jim Morrison avec les Doors — « portes » entre réel et imaginaire. Puis d'autres mouvements encore mêlent la révolte urbaine, la drogue, le refus du beau : *psychedelic, punk, grunge.*

De 1969 à 1972, en soixante-douze chansons, la voix fragile de Bob Marley conquiert toutes les jeunesses du monde, révolutionne la musique populaire en associant révolte et mélodie, romantisme et humour. Les grands de la musique populaire blanche — Eric Clapton, Paul McCartney et Mike Jagger — s'intéressent à lui. En 1977, deux ans après la mort en prison du négus, Marley apprend qu'il est atteint d'un cancer ; il cesse de chanter pour se consacrer à ses enfants. Quand il meurt, le 11 mai 1981, sa musique a depuis longtemps conquis l'Amérique. Elle y a donné naissance à plusieurs courants dont l'un deviendra le principal style de subversion de la répétition : le *rap.*

Improviser sa vie : le rap

Vers 1975, un musicien jamaïcain, Kool Herc, importe dans le Bronx le principe des *sound systems* pour animer les fêtes données dans des rues fermées à la circulation, les *block-parties*. Après lui, en jouant avec deux platines et des disques vinyle *scratchés*, d'autres MC, *maîtres de cérémonie* (le nom dérive des maîtres de danse français émigrés en Louisiane au XVIIIe siècle) jettent les bases de ce qu'on va bientôt appeler le rap (en argot américain, *to rap*, c'est « bavasser », autrement dit *improviser* un discours). En réaction contre la techno qu'ils détournent, utilisant eux aussi un tempo répétitif (ou *breakbeat*), ils créent un univers sonore austère, fait de collages de musiques connues, de bruits quotidiens, imprimant un rythme à des récitatifs engagés, vociférants, des « proférations ». Ils parlent du chômage, de la maladie, de la violence ; ils mêlent la musique à la peinture murale (le tag), et à une nouvelle façon de danser (la breakdance), créant la culture hip-hop — dans l'argot des ghettos noirs, *hip* désigne l'argent et *hop* signifie danser.

D'après une autre filiation (moins vraisemblable...), le mot *rap* découlerait d'un incident survenu en 1979 dans une radio FM de New York, PIX, où un animateur aurait cassé des disques en direct, commettant ainsi un viol (*rape*) musical sur des succès du moment.

Quoi qu'il en soit, cette année-là, le rap est devenu assez populaire pour qu'un producteur de musique indépendant, Sugarhill, en produise un premier 45-tours, *Rapper's Delight.* C'est un triomphe.

Dans la première moitié des années 1980, le rap irrigue les communautés noires avec des MC de plus en plus contestataires. En 1986, le public blanc commence à en écouter, interprété par des groupes rock comme Aerosmith (avec *Walk This Way*) et Public Enemy (avec *It takes a nation to hold US back*), d'une extrême violence, et des individualités comme Ice T et Ice Cube. En 1989, le premier album des Niggers With Attitude dénonce la violence de la police avec *Dope Men, Gravista Gravista, Fuck the Police.* D'autres rappeurs se distinguent par l'humour et la poésie, tels Red Hot Chili Peppers dont la musique mêle la soul, le reggae, le jazz et même le « frère ennemi », la techno. Apparaît le mouvement gangsta rap, à la frontière de la délinquance, avec des textes de plus en plus sexistes, antiblancs, antisémites et homophobes.

En Angleterre, le rap triomphe avec Asian Dub Foundation. À Manchester, Rae et Christian récupèrent la tradition du pop anglais et de la soul dans le hip-hop. En France, le rap apparaît en 1990, en Seine-Saint-Denis, avec NTM où se retrouvent deux jeunes venus l'un de l'immigration portugaise, l'autre de la Martinique. Puis surgissent Doc Gynéco, MC Solaar, IAM, Akhenaton, qui inventent une poésie populaire dans une langue libre mêlant français, arabe, wolof et verlan. Skyrock, une des radios privées nées dans la vague de 1981, à côté de RFM et NRJ, bâtit sa fortune en rassemblant sur le rap, à partir de 1991, la moitié des auditeurs de moins de vingt ans.

Aux États-Unis, les succès de groupes comme Run DMC ou LL Cool Wu Tang Clan en 1991, et De La

Soul en 1992, font grimper le rap dans les hit-parades. Il est alors récupéré par les « majors » : le label rap le plus connu, Def Jam, est ainsi distribué par CBS et par Sony.

La violence des paroles est pourtant telle que le rap devient un sujet politique. Il n'est plus question, comme vingt ans auparavant avec Jim Morrison, d'envoyer les poètes maudits en prison ou en exil, mais de les dénoncer à l'opinion. En 1992, dès le début de leur campagne pour l'élection présidentielle, George Bush et Bill Clinton condamnent publiquement le rap.

Aujourd'hui, le succès du rap est aussi fait, comme celui du jazz il y a un siècle, par des Blancs qui veulent se conduire comme ils croient que se conduisent les Noirs. Eminem, rappeur blanc raciste de Detroit — dont les enregistrements sont produits par un génie du son, Dor Dre —, renvoie aux Noirs la caricature que certains Blancs ont confectionnée d'eux.

À l'autre bout du monde, c'est encore par le droit à l'improvisation en musique que s'annonce l'effondrement d'un ultime ordre totalitaire.

Improviser la perestroïka : les blatvoï

En Union soviétique comme dans toutes les autres dictatures, le jazz est interdit : parce qu'il reflète le mode de vie occidental, parce qu'il rassemble la jeunesse, et parce qu'improviser est un acte idéologiquement incorrect, dangereux, contraire à la planification. On n'a le droit d'écouter ni des disques de jazz, ni des radios étrangères. Encore moins de jouer cette musique.

En 1948, Andreï Jdanov, principal théoricien soviétique de la culture, explique que la musique constitue un enjeu politique et que le pouvoir a intérêt à ce qu'elle soit sécurisante, prévisible, fondée sur le passé :

« Nous avons affaire à une lutte très aiguë, encore que voilée en surface, entre deux tendances. L'une représente dans la musique soviétique une base saine, progressive, fondée sur la reconnaissance du rôle énorme joué par l'héritage classique, en particulier par les traditions de l'école musicale russe, sur l'association d'un contenu idéologique élevé, de la vérité réaliste, des liens organiques profonds avec le peuple [...]. La seconde tendance exprime un formalisme étranger à l'art soviétique, le rejet de l'héritage classique sous couvert d'un faux effort vers la nouveauté, le rejet du caractère populaire de la musique, le refus de servir le peuple, cela au bénéfice des émotions étroitement individuelles d'un petit groupe d'esthètes élus [...]. Les compositeurs soviétiques ont deux tâches responsables au plus haut degré. La principale, c'est de développer et de parfaire la musique soviétique. L'autre consiste à défendre la musique soviétique contre l'intrusion des éléments de la décadence bourgeoise. Il ne faut pas oublier que l'URSS est actuellement l'authentique dépositaire de la culture musicale universelle, de même que, dans tous les autres domaines, elle est un rempart de la civilisation et de la culture humaines contre la décadence bourgeoise et la décomposition de la culture [...]. Aussi n'est-ce pas seulement l'oreille musicale, mais aussi l'oreille politique des compositeurs soviétiques qui doit être plus sensible. [...] Votre tâche consiste à confirmer la supériorité de la musique soviétique, à créer une puissante musique soviétique[1]... »

Comme tout discours totalitaire, le discours jdanovien est d'ordre stratégique et militaire : la musique doit être un « rempart » contre le nouveau, contre l'étranger. Il faut la « défendre », la rendre à la fois « puissante » et « soviétique ».

Après la mort de Staline, les « variétés » occidentales restent officiellement interdites. Les radios n'en diffusent pas, même si les chansons à la mode à Moscou reprennent sans le dire quelques rythmes américains. Pourtant, dès qu'il apparaît en Amérique, le rock se glisse en Union soviétique de façon clandestine, par les radios étrangères et par les disques passés en fraude. Le pouvoir l'assimile aux *blatvoï* (« chansons de voyous ») et l'interdit. Là encore, c'est le droit d'improviser des textes qui est en cause. Mais même si ces musiques ne passent pas sur les radios officielles, même si le rock est prohibé dans les lieux publics, les clubs de jeunes, les orchestres contrôlés par le Parti, tout le monde connaît assez

1. Andreï Jdanov, *Sur la littérature, la philosophie et la musique*, Les éditions de la Nouvelle Critique, 1950.

vite — en tout cas à Moscou et dans les principales villes — les grands succès occidentaux.

Pendant dix ans, le rock clandestin est un refuge : les jeunes chantent ce qu'ils n'ont pas le droit d'écrire : sur la démocratie, le stalinisme, contre les interventions militaires aux marges de l'empire, etc. Puis, à partir du milieu des années soixante, la censure se fait plus souple, le rock commence à se faire entendre en anglais, puis en russe, dans les universités et les clubs de jeunesse. Certains musiciens salariés de l'État inscrivent des rythmes de rock à leur répertoire. Vers 1975, des groupes amateurs apparaissent au grand jour : Televizor, Kino, Auktion, V.V., D.D.T. En 1980, le pouvoir brejnévien vieillissant laisse même les plus célèbres de ces groupes participer au Festival officiel de musique de Tbilissi. Mais l'un d'eux, Aquarium, y fait scandale par la violence de ses thèmes et par ses attitudes sur scène, imitées de celles des groupes occidentaux. La répression reprend.

À son arrivée au pouvoir en 1983, Iouri Andropov déclare le rock « idéologiquement et esthétiquement nuisible ». L'année suivante, des groupes rock commencent à apparaître spontanément dans les lycées. Trois ans plus tard, Gorbatchev montre davantage d'ouverture ; les paroles des chansons se font plus libres, la musique étrangère est plus largement diffusée sur les ondes des radios officielles. En 1987, un premier festival consacré au rock a lieu à Leningrad ; des groupes y chantent en anglais, en russe et le groupe V.V. en ukrainien. On aurait pu y entendre à la fois l'annonce de la fin du communisme et celle du démantèlement de l'Union soviétique.

À la même époque, en Occident, commence une autre révolution : non plus esthétique, mais économique. Pour étendre le marché, il faut pouvoir stocker les objets achetés. Mais les disques, les cassettes prennent de la place chez les auditeurs. Pour augmenter la consommation, il faut donc dégager la musique de tout support matériel et permettre son empilement virtuel, à l'infini.

DONS, PIRATERIE ET VIRTUALITÉ

Premiers pirates

Karl Philipp Emmanuel, l'un des fils de Jean-Sébastien Bach disait que l'écoute est un « *vol toléré* ». De fait, toute l'histoire de la représentation est traversée par la bataille des musiciens pour se faire rémunérer par ceux qui trouvent un intérêt à entendre ou à faire entendre leurs œuvres.

Avec l'enregistrement, il est devenu possible de conserver l'écoute d'un concert. Mais comme au début le coût de l'enregistrement d'un spectacle était très supérieur à celui de l'achat d'un phonogramme, il n'était pas concevable de procéder à un enregistrement à usage privé ; on ne pouvait imaginer amortir le coût de fabrication d'un enregistrement qu'en en vendant plusieurs, en série.

C'est avec le magnétophone, au début des années cinquante, qu'il devient possible, pour chaque auditeur, d'enregistrer une représentation radiodiffusée ou de recopier un disque, et de fabriquer ainsi, par son propre travail, un enregistrement de qualité ; le coût en est alors devenu faible, mais la qualité technique est encore médiocre ; il faut attendre les années soixante-dix et la minicassette pour qu'un consommateur puisse produire des enregistrements d'un niveau technique pratiquement égal à celui du marché.

Les fabricants d'électronique grand public, par ailleurs souvent détenteurs de droits musicaux, sont les premiers responsables de cette évolution qui les menace : Ce sont les fabricants de tourne-disques qui commercialisent en 1955 les premiers magnétophones à usage privé ; puis en 1970 les premiers enregistreurs de minicassettes et les premiers magnétoscopes. Quand le CD vient remplacer la cassette, c'est encore Philips qui invente et commercialise le graveur de CD et le CDR, juste avant de vendre son propre catalogue musical à EMI. L'industrie de la musique prend ainsi l'habitude de se concurrencer elle-même. Trois pratiques, qu'il convient de distinguer, apparaissent alors : la *copie* pour soi d'un spectacle ou d'une radio diffusion ; le *don* à un tiers de la copie privée faite à partir d'un disque ou d'une copie pour soi ; la *commercialisation massive* de ces copies, seule pratique illégale et seule copie pirate.

Le droit autorise en effet la circulation de ces enregistrements privés en reconnaissant qu'une copie est légale aussi longtemps qu'elle ne vise qu'à permettre à son auteur de décaler dans le temps l'écoute privée d'une œuvre. En 1984, à l'occasion d'un procès fait par Universal à Sony, la Cour suprême américaine reconnaît même que l'usage privé d'un graveur est légal aussi longtemps que les CDR ainsi gravés ne sont pas commercialisés. Et quand, un peu plus tard, apparaît une autre technologie de lecture et d'enregistrement, le DVD, plus performant encore, les mêmes principes juridiques s'appliquent : chacun peut désormais s'approprier un texte, une voix, une image, un concert, un film, à condition de garder sa copie pour soi ou de la donner à un tiers sans la commercialiser : personne ne peut interdire à quelqu'un d'offrir quelque chose qui lui appartient.

Pour compenser une partie du manque à gagner subi par les auteurs et les éditeurs du fait de ces copies privées et du piratage, certaines législations taxent les lecteurs et les supports d'enregistrement. Une loi française du 3 juillet 1985 et une autre, américaine, de 1992 (Audio Home Recording Act) imposent les supports audionumériques, faisant payer aux supports légaux le poids des dons et des pirateries. On trouve ainsi le financement des artistes là où il existe et non pas là où il serait justifié de le chercher.

Mais ces taxes, aussi lourdes puissent-elles être, ne ralentissent en rien la copie privée, le don et le piratage que les technologies rendent de plus en plus faciles. Aujourd'hui, un enregistrement musical sur trois dans le monde — autant qu'il soit possible de l'estimer — est d'origine privée ou pirate.

Les conséquences de ces copies sur les ventes de phonogrammes, au début marginales, commencent à devenir significatives. En France, en l'an 2000, on a acheté plus de supports vierges enregistrables (200 millions) que de CD contenant de la musique (154 millions). Aux États-Unis, la vente de *singles*, le plus aisément copiables, s'est effondrée de 40 % en 2000. Certains pays (la Russie, le Brésil, la Chine, l'Inde et l'Italie) laissent même plus ou moins ouvertement commercialiser des cassettes, des CD et des DVD pirates. La copie privée et la piraterie ne sont donc plus des activités annexes, mais constituent de véritables menaces d'émergence d'un substitut significatif à l'industrie de la répétition. Dans nombre de pays, les « majors » s'y prêtent pourtant avec complaisance, laissant commercialiser à bas prix leurs produits pour saper la concurrence locale et laisser se créer une clientèle pour leurs produits, avant de mieux faire respecter leurs droits.

La dématérialisation de la musique : le MP3

Donnés ou vendus, légaux ou pirates, les objets-musique prennent de la place. Et, malgré la réduction de leur taille, de cassette en DVD, leur stockage reste encombrant au point qu'on ne peut plus en vendre autant que l'industrie pourrait le souhaiter. D'où la recherche d'une nouvelle façon de les stocker, occupant moins d'espace.

Comme l'encombrement de la représentation a créé la nécessité de la répétition, celui de la répétition crée la nécessité d'un autre mode de distribution. La solution de ce problème, comme toujours, dérive de celle d'un autre : comment transmettre de la musique sans qu'il soit besoin d'utiliser un système acoustique vibrant. En 1957, Max Matthews, chercheur aux laboratoires Bell, définit une norme de codage et de transmission numérique de la musique, la norme Midi (Musical Instrument Digital Interface) dont on reparlera à propos des nouveaux instruments. Toute œuvre se réduit dès lors à un ensemble de données binaires mesurant de façon discontinue les variations continues de l'amplitude sonore ; l'ensemble de ces données constitue un fichier qui contient tout ce qui est nécessaire pour stocker et réentendre une œuvre sur un ordinateur et la transmettre par téléphone. Ces fichiers de musique sont d'une taille considérable : une heure de musique transcrite en signes binaires correspond à l'équivalent de 50 000 pages dactylographiées. Pour transmettre de telles quantités de signes, il faudrait un temps, donc un coût considérables. Aussi doit-on les comprimer, les « compresser » pour qu'ils occupent moins d'espace et transitent plus vite sur le réseau.

Au début des années quatre-vingt, tout le monde se lance dans la recherche d'un moyen de compression de ces données numériques. Sony et Philips entament ensemble un programme de recherches.

Puis, financés par le programme européen Eurêka, une entreprise française, Thomson, et un centre de recherches allemand, le Freunhoer Institut, dirigé par le Dr Karlheinz Brandeburg, près de Nuremberg, spécialisé dans les circuits intégrés et le codage audio, s'y attellent à leur tour conjointement.

Par ailleurs, comme l'industrie du cinéma est en quête des mêmes progrès que celle de la musique, est créé en 1988, dans le cadre de comités techniques des organisations professionnelles, un groupe de travail, le Moving Pictures Expert Group, où se retrouve la profession pour définir un procédé de compression des images et non plus seulement du son. Le premier procédé ainsi défini, le MPEG1, est utilisé par Philips pour stocker des films, mais il est encore de trop mauvaise qualité pour être commercialisé. Un peu plus tard, une seconde version, le MPEG2, atteint une qualité véritablement commercialisable pour stocker (mais non encore transmettre) des images de qualité, et Philips l'utilise pour le DVD.

En 1992, l'alliance Thomson-Freunhoer met au point une troisième version du logiciel, cette fois pour le son, le MPEG Audio Layer 3 — abrégé en MP3 —, qui permet de diviser par douze la taille du fichier sonore à stocker et à transmettre. C'est un progrès décisif, en tout cas pour le son : la transmission d'un fichier sonore d'un ordinateur à un autre devient possible moyennant une qualité sonore très supérieure à celle des cassettes privées. Ainsi apparaît une première forme de musique totalement numérique qu'il est possible de stocker et de transporter hors de tout support physique — virtuellement. Certes, cela ne constitue pas encore une solution idéale : la transmission prend beaucoup de temps et seuls ceux qui ont accès à l'Internet rapide peuvent s'en servir commodément ; la musique obtenue, qu'on peut écouter sur son ordinateur, n'est pas aisément transportable, car il faut encore la regraver sur un CD à partir de l'ordinateur. Pourtant, le progrès est si considérable que, dès 1994, de tels fichiers dits MP3 commencent à circuler sur Internet. Et, comme toujours, c'est l'industrie elle-même qui fabrique les moyens de se faire pirater : Sony commercialise un graveur permettant de transformer aisément un fichier MP3 reçu sur un disque dur en un CD, puis des baladeurs capables de recevoir directement, depuis un ordinateur, des fichiers musicaux MP3.

Mais de tels fichiers n'obéissent pas aux contraintes des sociétés d'auteurs. Il n'y a là ni représentation ni enregistrement, et personne ne sait comment en contrôler, dans chaque ordinateur, la présence et la circulation. À moins d'une formidable intrusion dans la vie privée des détenteurs d'ordinateurs, il n'est pas possible de vérifier que quelqu'un a payé les droits et réellement acheté cet objet-musique virtuel. Le droit délimite pourtant très vite des frontières : s'il est tout de suite jugé légal de recevoir un fichier MP3 pour l'écouter à titre personnel, il est considéré comme illégal de le renvoyer à un tiers. Grande première : le don privé, toléré pour les autres enregistrements, est maintenant interdit. Pour la première fois il devient illégal d'offrir quelque chose qu'on possède légalement. Le pirate, dans ce cas, c'est le fournisseur de fichiers musicaux, pas son utilisateur privé. En septembre 1996, des étudiants de Montpellier sont ainsi condamnés pour avoir mis des fichiers musicaux sur leur site web, à la disposition gratuite de ceux qui voudraient les télécharger ; les utilisateurs du site, eux, ne sont pas poursuivis. C'est sur cette base que se constitue la jurisprudence.

Des entreprises se créent pour vendre légalement de tels fichiers. En 1997, Michael Robertson crée ainsi le site MP3.com, qui met à la disposition des consommateurs 750 000 fichiers de musique provenant de 117 500 artistes. MP3.com est à la fois une station de radio et un disquaire. Les auditeurs peuvent venir écouter les fichiers gratuitement sur le site et les télécharger, en payant, sur leurs ordinateurs. MP3.com rémunère les artistes au prorata du nombre de téléchargements de leurs titres, et trouve ses propres revenus, comme une radio, dans la publicité, et, comme un disquaire, dans la vente de discothèques personnelles (My MP3.com) aux auditeurs. Pour empêcher le transfert à un tiers, les discothèques personnelles restent chez le disquaire. C'est une révolution : le coût de la distribution de la musique s'effondre, il suffirait désormais en théorie de vendre 20 000 fichiers MP3 au lieu de 100 000 CD pour amortir la production. D'autres sites apparaissent sur le même modèle que MP3.com : aux États-Unis, CD now.com, Stargig.com, People Sound ; en Italie, Vitaminic. Ces sites sont eux aussi à la fois des radios (puisqu'on peut y écouter gratuitement de la musique), et des disquaires (puisqu'ils vendent les fichiers des musiques entendues).

Pour empêcher la circulation pirate de ces fichiers, la profession, aux États-Unis, prend d'abord l'initiative d'une loi qui, en 1998, sous le nom de Digital Millenium Copyright Act, enjoint aux fournisseurs d'accès de refuser d'ouvrir leurs serveurs à toute société enfreignant les droits de propriété intellectuelle, en particulier tout site vendant de la musique sans payer de droits aux auteurs et aux éditeurs et sans protéger ses fichiers. L'industrie imagine qu'elle va être ainsi capable de mettre en place un système de protection et de gestion de la propriété intellectuelle des fichiers MP3, qu'elle nomme Sound Digital Music Initiative, à l'instar de ce qui s'est fait pour les droits sur les autres supports. Selon ce projet, chaque fichier musical serait désigné par un identifiant numérique qui décrirait les licences accordées pour son utilisation, et seuls les fichiers ayant acquitté les droits pourraient être lus par les appareils de lecture que la profession aurait labellisés. Les sociétés d'auteurs espèrent aussi voir surgir un standard d'identification digitale de chaque œuvre et rester les tiers de confiance à qui sont versés les droits.

Mais l'industrie tout comme les sociétés d'auteurs sont prises de vitesse. Le SDMI dort encore dans les cartons quand, en 1998, un étudiant américain de dix-huit ans, Justin Frankel, met au point un logiciel permettant de créer et de lire très facilement des fichiers musicaux. Ceux-ci se répandent alors sans contrôle sur le réseau.

L'année suivante, l'organe représentatif des entreprises musicales américaines, la RIAA, perd même un procès contre une entreprise américaine, Diamond Multimedia Systems Inc., qui commercialise le Rio, un instrument qui autorise la copie dans le disque dur d'un ordinateur des fichiers MP3 sans permettre de renvoyer le fichier vers un autre instrument. Un autre procès, à l'inverse, est gagné par Universal contre MP3.com qui commercialise sans son accord des artistes de son catalogue. Mais, plutôt que de faire fermer ce disquaire virtuel qui, après tout, vend leurs produits, Universal et les autres « majors » préfèrent l'autoriser à utiliser leurs catalogues... en échange de 25 % de son capital !

On semble alors être sur la voie d'un accord aux termes duquel la musique virtuelle serait distribuée par des supermarchés virtuels agréés par les « majors ». Mais c'est sans compter avec la technologie qui vient casser chaque code de cryptage et permettre aux fichiers MP3 téléchargés de façon gratuite de circuler de plus en plus librement — et anonymement.

L'impossible contrôle de la musique virtuelle : de Napster à Gnutella

En septembre 1998, la circulation libre de fichiers MP3 s'accélère sur le Net et un étudiant américain, Shawn Fanning, a l'idée d'un logiciel permettant de les trouver, non plus seulement chez un disquaire virtuel, comme l'est MP3.com, mais dans tous les ordinateurs privés branchés sur Internet. Autrement dit, tout fichier, une fois récupéré par quelqu'un, devient disponible pour tous. En septembre 1999, Fanning met gratuitement à disposition sur le Net une première version téléchargeable de son logiciel, baptisé Napster. À partir du serveur de sa société, il devient possible d'accéder à une discothèque virtuelle quasi infinie, composée des discothèques virtuelles de tous les ordinateurs inscrits, à condition d'être inscrit chez Napster. Pour recevoir, il faut donner. C'est un énorme succès : à la fin de l'année, 90 millions d'heures de musique sont ainsi copiées gratuitement sur Internet en passant pour l'essentiel par Napster. En décembre 1999, l'Association des producteurs américains de musique réclame sa fermeture. Craignant que le service de Napster ne s'interrompe, ses utilisateurs se précipitent et passent de 1,1 million en février 2000 à 6,7 millions en août ! À la fin de l'année, ce sont 500 millions d'heures de musique qui ont été ainsi échangées, et 260 millions de fichiers musicaux qui ont été créés ;

60 millions de personnes — pour l'essentiel, des adolescents américains — sont alors des clients gratuits de Napster. Ils découvrent des musiques du monde entier avant d'aller vers les sites, eux aussi illégaux, des grands « DJ » et de réaliser des compilations à thème, créant à leur tour de la musique tout en l'écoutant. Pour ceux qui l'écoutent, la musique est non plus seulement l'occasion d'un plaisir solitaire, mais celle d'affirmer l'appartenance à un groupe, d'avoir avec les autres des sujets de conversation. Elle crée, entre tous les jeunes du monde, un lien universel, tranversal, indépendant de toute langue, de toute appartenance à une nation ou à une classe sociale. Même si Internet rend cet échange possible à l'échelle de la planète entière, comme Napster n'est d'un usage commode que pour les utilisateurs qui disposent d'un réseau à large bande, l'essentiel de ces échanges se fait entre adolescents américains et pour des titres au sommet des hit parades, même si on en rencontre aussi en Europe, en Inde ou en Amérique latine et pour des titres rares.

Quand, en avril 2000, à la demande de ses producteurs, le groupe Metallica porte plainte contre Napster, la machine judiciaire américaine se met en branle. En juillet, un juge ordonne la suspension temporaire du site. Coup de théâtre : en octobre, une des cinq « majors », Bertelsmann, le rachète en promettant de le rendre payant. Comme les clients du site s'attendent à perdre la gratuité, ils se précipitent pour en bénéficier pendant qu'il en est encore temps : 3 milliards de fichiers gratuits sont échangés dans le seul mois de janvier 2001 ! Le 12 février 2001, le juge californien condamne Napster à fermer non parce qu'il est pirate, mais parce qu'il permet à ses utilisateurs de le devenir. Ce jour-là, 130 millions de morceaux compressés par MP3 sont échangés sur le site. Depuis lors, ce dernier a banni, soutient-il, tous les fichiers protégés par des droits, lesquels circulent encore librement hors de lui de manière incontrôlable.

Napster est vite copié depuis l'intérieur même des « majors » qui devraient pourtant être de ceux qui s'en méfient le plus ; mais, tout comme elles ont fabriqué les outils de piratage des cassettes, elles inventent à présent ceux du piratage des fichiers. Au début de l'an 2000, une filiale d'AOL-Time-Warner, Nullsoft, dirigée par le même Justin Frankel qui créa trois ans plus tôt le premier logiciel de lecture de MP3, lance Gnutella. C'est un système voisin de celui de Napster, mais encore moins facile à contrôler, puisqu'il permet aux utilisateurs d'échanger leurs fichiers sans passer par un serveur. Informée, la direction d'AOL essaie d'arrêter la diffusion de Gnutella ; mais, comme un virus échappé involontairement d'un laboratoire, il est déjà sur le Net. Six mois plus tard, une autre société du même groupe, Aimster, fait circuler un autre logiciel permettant cette fois de rendre anonyme l'échange de fichiers entre clients de la messagerie d'AOL. Il est aussitôt adopté par Yahoo ! et par d'autres. Il devient presque impossible de savoir si un client d'une de ces messageries reçoit des fichiers MP3. Prolifèrent de même des centaines d'autres clones de Napster, dits des *open naps*, et apparaissent d'autres logiciels permettant d'échanger cette fois de la vidéo, tel Scour Exchange. On détourne aussi des logiciels de messagerie ou de *chat*, comme ICQ, pour échanger des fichiers de musique, et chacun peut même en créer un sur Linux. Au point qu'un site spécial, Napigator, est devenu nécessaire pour sélectionner l'un de ces serveurs...

Au total, les téléchargements payants deviennent dérisoires (9 millions de dollars), rapportés à la valeur — 5 milliards de dollars — des téléchargements gratuits. Un milliard de fichiers MP3 circulent désormais librement, et on en charge 100 millions par jour. Pour la première fois depuis longtemps, la gratuité de la musique est redevenue très largement majoritaire, au moins dans l'espace virtuel.

Certains musiciens se prêtent à cette gratuité en acceptant que leur musique soit diffusée gratuitement sur Internet. Ils considèrent ne pas perdre grand-chose avec Napster et refusent d'être rémunérés sur ces fichiers qu'ils considèrent comme des produits de consommation « jetables ». Ils ne veulent conserver comme sources de revenus que leurs disques, leurs concerts, les programmations radio et télévision, et les dons que les auditeurs de fichiers MP3 estimeraient devoir leur faire. Ils rêvent d'une économie du don volontaire, du *potlatch*, où chacun paierait ce qu'il veut directement au créateur. Ils revendiquent même le droit, pour chaque auditeur, de faire tout usage personnel de sa musique, de la transformer et de s'en inspirer. Certains groupes, tel le groupe de rock Butthole Surfers, commencent même à compiler et à diffuser eux-mêmes les plagiats de leurs propres œuvres...

Et cela ne fait que commencer : comme la RIAA veille à ce que les fournisseurs d'accès n'hébergent pas les sites de téléchargement, ceux-ci s'installent de plus en plus hors des États-Unis, dans des « paradis virtuels ». De plus, ces sites deviennent des radios sur Internet de très grande qualité, auxquelles les « majors » ne peuvent refuser de fournir de la musique, que les auditeurs pourront alors enregistrer de façon totalement légale et anonyme. Si cette tendance l'emporte, les œuvres musicales deviendront librement accessibles sur tous les objets nomades : les playstations, les téléphones portables, les agendas et les livres électroniques.

Si telle devait être la situation, on entrerait dans un monde d'échange libre et généralisé, de spectacle planétaire gratuit : une médiathèque infinie ouverte à tous vents. Plus que la musique elle-même, le plaisir de ceux qui viennent la chercher sur le Net réside en ceci qu'elle leur fournit des occasions de rencontres, de découvertes, des moyens de ne pas être seuls. Des occasions d'offrir sans avoir à payer. Musiciens, sociétés d'auteurs, éditeurs et « majors » feront tout pour empêcher cela.

Vendre la musique virtuelle

Pour réinsérer ce travail du consommateur dans les lois de l'échange marchand, pour obliger à acheter et interdire de donner, il faudrait trouver une façon d'en protéger la propriété, c'est-à-dire d'enfermer l'écoute virtuelle dans une salle de concert virtuelle ou dans une bibliothèque virtuelle ; pour cela, mettre un guichet (virtuel) à l'entrée (virtuelle) de chaque représentation (virtuelle) afin de faire payer pour chaque écoute et d'interdire d'en transférer l'enregistrement. Ce qui rendrait alors possible de commercialiser à la fois un spectacle planétaire et l'accès à un disquaire illimité. Une telle évolution de l'économie de la musique pourrait être voulue et réussie par les musiciens eux-mêmes, par les sociétés d'auteurs ou par les « majors ». Chacun de ces trois cas conduirait à une situation assez différente.

Certains artistes tentent de vendre eux-mêmes leur musique sur Internet. David Bowie, Prince, Herbie Hancok, Ice T commercialisent eux-mêmes leurs fichiers MP3. Madonna organise l'écoute gratuite, le *streaming*, de son dernier disque (*Music*), impossible à télécharger, et transmet gratuitement son dernier concert à Londres sur Internet à dix millions de spectateurs. Le groupe français Daft Punk crée un *fan club* crypté sur Internet. Les labels indépendants (les *indies*) proposent des cybersites payants, tels E-music.com et Eubee.com. Mais il est peu vraisemblable que les musiciens, s'ils restent dispersés, aient les moyens de faire face à toutes les formes de gratuité. Beaucoup décideront sans doute de trouver de puissants représentants pour défendre leurs intérêts.

Certains les confieront aux sociétés d'auteurs, en particulier en Europe où elles peuvent encore espérer conserver le pouvoir de faire respecter le droit moral des auteurs sur leurs œuvres. Elles tenteront d'abord d'interdire l'accès de ces sites gratuits aux utilisateurs des pays de leur ressort en obtenant de la justice qu'ils soient traités comme ceux qui vendent des objets nazis et/ou qui commercialisent une loterie dans tel ou tel État américain où celle-ci est interdite — autrement dit, qu'ils soient interdits d'accès au réseau s'ils n'appliquent pas la loi du pays de l'auditeur. Comme cela ne suffira pas, ces sociétés d'auteurs voudront employer les méthodes de surveillance qu'elles utilisent par ailleurs dans tous les lieux publics de diffusion de la musique. Elles devront pour cela obtenir le droit d'imposer une surveillance de tous les e-mails échangés, pour comptabiliser ceux qui portent échange de fichiers, connaître le nom de ces fichiers et faire payer des droits. Déjà, sur un échantillon statistique, certaines de ces sociétés viennent de donner un coup de semonce, sous la forme d'un simple avertissement, aux utilisateurs d'e-mails repérés pour avoir échangé gratuitement des fichiers de deux cents succès particulièrement connus. À supposer qu'elles aillent dans cette direction, elles devraient devenir très envahissantes pour la sphère privée. Il n'est pas évident, loin de là, que cela soit jamais considéré comme légal. Si elles y parvenaient, cela leur permettrait d'ajouter à la rémunération des auteurs la répartition des droits d'usage des fichiers MP3, en complément des droits versés par ailleurs aux musiciens par les éditeurs de phonogrammes, les radios, ainsi que des taxes perçues sur les instruments de copie et sur les logiciels de téléchargement.

Les « majors » ne seraient pas protégées par une telle évolution qui garantirait les droits des artistes plus que les leurs. Aussi voudront-elles prendre le contrôle de ces droits en imposant par la technologie ce que le droit ne peut leur reconnaître. Elles s'engageront pour cela dans trois types d'action :

1) Imposer un super MP3 qui viendrait remplacer l'actuel, et rendrait peu à peu obsolètes tous les fichiers MP3 encore en circulation. Un tel standard ne serait installé que sur des sites sécurisés, et il serait impossible de traduire des fichiers MP3 dans le nouveau standard. Certaines nouvelles technologies de compression aspirent à jouer ce rôle : Liquidaudio, Windows Media Audiofile (de Microsoft), l'AAC (de l'Institut Freunhoer), l'Ogg Vorbis, le MP3 Pro (de Thomson). Mais rien n'est encore finalisé.

2) Imposer sur ce super MP3 un système de marquage qui altérerait imperceptiblement le signal sonore et réussirait aussi, idéalement, à détruire ou rendre inaudibles les fichiers MP3 existants. Quiconque ouvrirait un fichier musical ainsi marqué

serait automatiquement renvoyé vers le site du propriétaire des droits. À cette fin, AOL-Time-Warner et Bertelsmann s'allient pour tenter d'utiliser la plate-forme de Napster avec un système de sécurité développé par une filiale américaine de Bertelsmann, le DWS (Digital World Services), sorte de couche de cryptage ajoutée à chaque fichier et désactivée après paiement des droits. Allié à EMI et Realwer Works, le même Time Warner développe une autre plate-forme, Music Net. Universal et Sony s'allient pour essayer d'utiliser une troisième plate-forme, Duet, avec un autre système de sécurité, Blue Matter, qui devrait, lui, une fois les droits acquittés, permettre l'écoute et le téléchargement de la musique, et même, beaucoup mieux qu'avec Napster, du texte, de la pochette, de la discographie et des clips.

3) Enfin, les « majors » devraient, pour l'emporter, réussir à faire cesser la commercialisation des lecteurs de fichiers MP3. Ils imposeraient pour cela dans les lecteurs des modes de cryptage qui empêcheraient le transfert de fichiers. Il faudrait pour y parvenir que les microprocesseurs soient directement cryptés. Certains vont dans cette direction. Nokia vient par exemple d'entrer dans le capital d'Intertrust, puis développe un cryptage. Des épisodes analogues ont déjà eu lieu : des technologies en ont déjà remplacé d'autres et des modes de lecture ont presque complètement disparu. Mais, à chaque fois, des instruments sont apparus pour copier les nouveaux objets-musique, sécrétés en général par les

« majors » elles-mêmes. On peut douter que, cette fois, celles-ci aient à la fois la volonté et les moyens de ne pas commettre les mêmes erreurs. Car rien n'est encore au point ni en place. Et les premiers essais de lecteurs cryptés, tels le VAIO Music de Sony ne sont pas des succès. Au demeurant, les « majors » risquent, si elles vont trop loin dans cette direction, d'être accusées d'instaurer un monopole. Aussi vont-elles sans doute ne pas chercher à se réserver sur leurs plates-formes l'exclusivité de la commercialisation de leurs produits, mais laisser d'autres labels indépendants les commercialiser aussi.

En définitive, d'une façon ou d'une autre, pour que la gratuité plie, il faudrait que le droit des auteurs l'emporte sur la planète entière. Comme à chaque fois, le capitalisme ne peut fonctionner sans un droit de propriété clairement établi et respecté. Cette fois, ce droit devrait porter sur la propriété de l'information, si difficile à protéger. En ce sens, encore une fois, la musique se révèle prophétique.

L'exception marchande

Ces batailles en annoncent d'autres, beaucoup plus amples sur des marchés beaucoup plus considérables. Ici encore, la musique est annonciatrice de changements qui la dépassent. Si l'économie de marché impose la transformation de l'objet-musique en être immatériel commercialisable, cela marquerait comme une fusion de la représentation et de la répétition.

L'économie de la musique se résumerait à la commercialisation du spectacle universel d'une discothèque infinie.

Si les « majors » l'emportaient, la gratuité de l'échange, devenue aujourd'hui largement majoritaire dans l'espace virtuel de la musique, redeviendrait minoritaire. On pourrait alors imaginer que ce processus se généraliserait à d'autres domaines, au-delà de la musique ; s'ouvrirait alors une nouvelle phase du capitalisme dans laquelle les principaux biens marchands seraient des informations dont la valeur dépendrait de leur capacité à relier les gens qui les utiliseraient. Car la principale demande ne viserait plus à s'approprier des objets, mais à être branché ; la principale offre ne serait plus celle de moyens d'avoir, mais de moyens d'appartenir : *capitalisme culturel, capitalisme de réseaux.*

Comme la musique fournit, au-delà du plaisir de l'avoir, celui d'appartenir au groupe de ceux qui y ont accès et en parle, l'industrie vendra d'autres sujets de conversation, d'autres occasions d'appartenir à des réseaux. En priorité : la distraction, la santé et la formation. Tous biens d'informations dispensés pour l'essentiel en direct *par un prescripteur habilité à le faire.*

D'abord, on vendra l'accès planétaire à la représentation en direct de spectacles dont la fin n'est pas décidée à l'avance, improvisés, tels les événements sportifs, politiques, ou, plus rarement, concerts. La distraction, devenue l'activité essentielle pour meubler le temps libéré du travail, porte surtout sur des spectacles conduisant à désigner un vainqueur et ne présupposant pas de comprendre ce qui se dit entre les protagonistes. Ainsi, chacun voudra vivre en direct les buts marqués et connaître au plus tôt le nom de l'élu ; assister en direct, en être, pour pouvoir participer au réseau de ceux qui sont en ligne ; être informé en même temps que les autres des événements dont ils auront à parler ensuite. Avoir été témoin sera la condition majeure de l'appartenance. Ces spectacles devront être proposés par des prescripteurs habilités : fédération internationale d'un sport, Comité olympique, gouvernements. Ils pourront être offerts gratuitement, parce qu'ils se rentabiliseront à l'avance par la publicité. Encore faudra-t-il être à même de créer les conditions pour qu'on désire consommer ce genre de spectacles. Pour l'heure, le football — loin devant le tennis, le rugby, le cyclisme — constitue le seul vrai sujet de conversation planétaire. Encore chacun ne s'y intéresse-t-il que si sa propre équipe a une chance de bien figurer au palmarès. Ultime reste d'enracinement dans un monde de nomades. Cela s'étendra bientôt à d'autres sports, d'autres activités, à des élections, à un concert classique ou de variétés particulièrement bien promu, à des jeux télévisés suffisamment simples et visuels pour être compréhensibles pour tous, à des jeux de force, à des jeux de sexe, à des jeux du cirque auxquels le cinéma se mêlera, offrant des spectacles de plus en plus « lourds », de plus en plus chers. La salle obscure restera l'un des derniers lieux où il sera possible de vivre un spectacle avec d'autres, rassemblés à la fois ici et ailleurs, sans se contenter d'une promiscuité virtuelle.

On vendra ensuite sur le Net des services de santé qui, eux aussi, seront dispensés en direct par des prescripteurs habilités à le faire. Il existe déjà plus de 30 000 sites médicaux de par le monde, et 70 millions d'Américains se sont déjà interrogés sur leur santé sur le Net. Quand il s'agit de sa vie ou de sa survie, chacun est prêt à payer pour vérifier si le traitement qu'on lui a proposé est le meilleur possible, en obtenant un second avis formulé par un autre médecin à propos de telle ou telle affection dont il craint d'être atteint. On vendra du diagnostic émis par les meilleurs médecins appartenant aux meilleurs hôpitaux. Des classifications, des audits, des hit-parades des hôpitaux du monde entier serviront à orienter les consommateurs vers les meilleurs prescripteurs. Des compagnies se proposeront pour orienter les clients potentiels vers les réponses les mieux adaptées à leur cas. Certains estiment le marché du diagnostic virtuel à environ 500 milliards de dollars dans dix ans, soit dix fois plus que celui de la musique. Le problème du cryptage ne se posera que pour garantir le caractère privé des informations échangées.

On vendra enfin le spectacle de l'enseignement, de l'éducation virtuelle. L'avenir est aux diplômes et à la formation permanente. Le bien vendu sera le diplôme, non piratable, et non pas les cours, qui le sont. Marché considérable, car la formation nécessaire ne pourra pas être acquise par les méthodes traditionnelles. Pour faire face aux besoins « classiques », il faudrait par exemple, aux seuls États-Unis, recruter en dix ans 2,7 millions de maîtres et dépenser 127 milliards de dollars en réparations des bâtiments scolaires (dont l'âge moyen est de quarante-deux ans). De surcroît, un nombre croissant d'étrangers (160 millions en 2025) chercheront à obtenir des diplômes des écoles et universités américaines plutôt que de se contenter de ceux, moins prestigieux, des universités de leurs pays respectifs. L'éducation virtuelle permettra de résoudre ces problèmes à moindres coûts : amener le savoir aux élèves et non plus les élèves au savoir, enseigner sans limites de temps et d'espace, délivrer des diplômes sans frontières. Les universités s'assureront qu'elles ne vendent leurs diplômes qu'à ceux qui ont acquitté leurs droits d'inscription. Là non plus, le problème du cryptage ne se posera pas. Il ne servira à rien de voler les cours — si ce n'est pour enrichir sa culture générale —, puisque l'université pourra, avant de délivrer un diplôme, non seulement vérifier la compétence de l'étudiant, mais aussi s'assurer que les cours ont été suivis et payés régulièrement. Pour exclure les pirates, il suffira de ne pas admettre à se présenter aux examens ceux qui n'auront pas acquitté la totalité des droits de leur cursus. Nul ne pourra alors pirater un diplôme à moins de parvenir à glisser son nom dans le répertoire des diplômés tenu à jour par l'université elle-même... Le marché mondial de l'éducation virtuelle, déjà chiffré à 300 milliards de dollars, soit dix fois celui de la musique, se développera de plus en plus. Il faudra former les maîtres aux techniques nouvelles, développer l'accès à l'Internet rapide, inventer une pédagogie et des cours spécifiques.

Le pouvoir de prescrire appartiendra donc pour l'essentiel à des institutions de contrôle qui noteront les offreurs de services potentiels selon leurs qualités. Des sociétés privées de notation des hôpitaux et des universités apparaîtront. Elles devront être elles-mêmes d'une qualité et d'une indépendance irréprochables. Bien au-delà des gouvernements, elles seront sans doute les principales formes d'exercice du pouvoir à l'avenir. Elles vendront des conseils pour naviguer parmi la masse des sites, et feront ou déferont la réputation et la valeur des marques. Sans doute est-ce là un rôle que les « majors », les éditeurs de musique, de littérature ou de cinéma, prescripteurs de fait, voudront conserver.

L'économie ne consistera donc plus à échanger des biens sur un marché, mais à vendre des droits d'assister à des spectacles planétaires mêlant dans la virtualité représentation et répétition. Plus généralement, on vendra sous forme d'abonnements des droits à appartenir à des réseaux, à l'instar des cotisations versées à des clubs. Ces clubs rassembleront ceux qui auront assisté en direct à un championnat, ceux qui auront obtenu un même diplôme, ceux qui se seront fait soigner par un même hôpital. Des gens qui auront payé pour « en être » et non plus pour « avoir ».

Enfin, il faudra faire ressentir le besoin de l'achat de ces biens. On pourra le faire par la séduction, en rendant l'achat amusant, en faisant de chacun de ces actes une distraction. On pourra, si cela ne suffisait pas, faire peur en agitant la menace de leur manque. Faire comprendre au nomade moderne que s'il ne vérifie pas en permanence qu'il reste branché sur les réseaux, il peut mourir. Le maître mot du capitalisme culturel sera « la bourse ou la vie ». Il fera peur, une fois de plus, avec la menace de violence. Cette fois, la violence aura la figure de la solitude, que viendra compenser ou vaincre l'appartenance aux réseaux.

Mais un tel capitalisme culturel pourrait, lui aussi, ne pas réussir, s'il n'impose pas le désir de payer ses spectacles — alors que d'autres seront gratuits — ; s'il ne fait pas apprécier ses soins — parce que dispensés à distance —, s'il ne fait pas rechercher ses diplômes, — parce qu'octroyés de façon douteuse. Certains musiciens l'annoncent : Courtney Love considère que les « majors » sont les « vrais pirates » et fait un procès à Vivendi Universal pour récupérer ses droits obtenus par la major lors du rachat d'un petit label.

Si tel était le cas, l'économie de marché se réduirait pour l'essentiel à la commercialisation d'objets matériels et, en particulier, à celle des outils de la gratuité. Déjà, Philips s'apprête à commercialiser un enregistreur privé de DVD, ouvrant à la copie gratuite de fichiers numériques de films. Le capitalisme deviendrait alors progressivement une forme minoritaire d'organisation des échanges, seulement matériels : *à l'exception culturelle succéderait l'exception marchande.*

Alors, à côté des tentatives de commercialisation planétaire de toutes les formes de spectacle, et au-delà de ce projet de capitalisme culturel apparaîtra, encore par la musique, une autre forme d'organisation sociale, où jouer et travailler deviendront des plaisirs en soi, où l'essentiel des échanges pourront s'effectuer dans la gratuité, sans rémunération, pour le plaisir de faire plaisir, celui d'échanger avec les autres. De *composer* avec eux.

ESQUISSES DE COMPOSITION

Comme le virtuel annonce le retour du spectacle, il annonce aussi celui des trouvères, de ceux qui pratiquent la musique pour leur plaisir. Non seulement comme mode d'affirmation d'un statut par une élite noble ou bourgeoise, mais comme nouvelle forme d'expression sociale, annonce d'autres styles musicaux, et peut-être, au-delà, d'un autre monde où chacun trouvera plaisir à créer et à donner plutôt qu'à vendre et acheter.

Cet ordre ne remplacera pas l'ancien ; la composition ne remplacera pas la répétition, pas plus que celle-ci n'a remplacé la représentation. À côté de l'échange marchand existera une zone de création désintéressée et d'échange gratuit. Une zone qui pourrait grandir jusqu'à devenir un jour dominante.

Tout commencera encore une fois par la musique, quand l'auditeur n'acceptera plus de l'écouter en silence et voudra en faire lui-même. Quand les consommateurs de musique produiront eux-mêmes leur consommation en échangeant leurs discothèques, en mêlant, copiant, collant des fichiers de musique, en devenant des « DJ » virtuels, il pourra leur venir aussi l'envie de faire eux-mêmes de la musique et de la donner à entendre. Quand l'échange et le plaisir, la solitude et la frustration les pousseront irrésistiblement à jouer : « *What can a poor boy do except play in a rock and roll band ?* » chantent les Rolling Stones dans *Street Fighting Man...*

Silence devant l'auditeur

Lorsque John Cage, en 1952, laisse, en se tenant immobile, assis à son piano, pendant quatre minutes et trente-trois secondes, le public s'impatienter, il lui redonne une parole que l'autre ne veut d'abord pas prendre. La salle proteste, piétine, tousse, chuchote, gênée de se rendre compte que la lumière est braquée sur elle, que le musicien la regarde, qu'elle se donne à lui et à elle-même en spectacle. Cage écrit : « Le compositeur doit renoncer à son désir de contrôler le son, détacher son esprit de la musique et promouvoir des moyens de découverte qui permettent aux sons d'être eux-mêmes plutôt que les véhicules de théories faites par l'homme, ou les expressions de sentiments humains[1]. » Ce qu'il fait ne constitue pas seulement un acte de provocation ironique à l'égard des spectateurs mondains, blasés et maladroits, mais de « *liquidation* » de l'art de son temps, ainsi que l'écrivit Roger Caillois à propos de Picasso. L'artiste ne prétend plus alors communiquer un message, mais seulement pousser celui qui l'écoute à prendre la parole. Il écrit : « Nous facilitons le processus pour que n'importe quoi se produise. » Le musicien n'est plus que le spectateur des réactions des spectateurs confrontés à son silence.

Après lui, d'autres musiciens avancent dans la même direction. Certains pour faire participer les spectateurs à leurs compositions, tels Terry Riley, Steve Reich ou Luciano Berio. D'autres, comme les DJ, revendiquant leur statut et leur expertise d'auditeurs, se contentant d'abord de mêler et rayer les musiques des autres, avant de devenir de véritables créateurs. D'autres encore, experts en labyrinthes, utilisant les instruments de stockage et de transfert numériques, MP3 et Napster, pour commenter, annoter, copier, coller et brasser des musiques découvertes dans leurs voyages virtuels.

Le silence sur scène crée un brouhaha parmi les spectateurs qui se mettent, au moins en partie, à se prendre pour des musiciens ou à chercher à le

1. Cité dans *VH 101*, n° 4, hiver 1970-1971, p. 22.

devenir. À ne plus se contenter d'admirer la musique des autres pour chercher la leur, au fonds d'eux-mêmes, sans en attrendre une rémunération.

L'impossibilité de la composition

Pour beaucoup, la pratique musicale par les spectateurs se limitera à la répétition des œuvres des autres. Leur création ne saurait être que marginale, accessoire, non significative. Parce que créer de la musique suppose un travail et des dons qui ne sont pas à la portée de la plupart des spectateurs, qui préféreront rester dans la salle et écouter les artistes plutôt que de faire l'effort de le devenir.

Pierre Boulez, par exemple, écrit que toute composition musicale implique un savoir préalable, inaccessible à la masse, qui ne peut s'improviser : « Il faut nier toute invention qui ne se place pas dans le cadre d'un écrit [...]. L'improvisation n'est pas possible [...]. On parle des improvisations de Bach, par exemple. Je crois que Bach a écrit après ce qu'il avait improvisé, et c'est ce qu'il a écrit qui était le plus intéressant. Souvent, ces improvisations ne sont que du pur échantillonnage sonore, parfois curieux, mais ne s'intégrant pas du tout à la directive d'une composition. Cela donne constamment, ce qui est insupportable pour moi, excitation, apaisement. La dialectique de la forme est primaire au possible, tout le monde s'excite mutuellement, ça devient une sorte d'onanisme en public... » Étrange comparaison entre la composition, l'improvisation et la masturbation, sur laquelle nous reviendrons.

Par ailleurs, à supposer même que tout le monde fasse l'effort d'apprendre, peu de gens ont ce qu'on appelle l'« oreille musicale ». La musique est donc un art, par nature, réservé à une minorité. Claude Lévi-Strauss écrit ainsi : « En droit, sinon en fait, tout homme convenablement éduqué pourrait écrire des poèmes, bons ou mauvais ; tandis que l'invention musicale suppose des aptitudes spéciales, qu'on ne saurait faire fleurir à moins qu'elles soient données. » Le commun des mortels ne peut, au mieux, avec beaucoup d'efforts, que jouer la musique des autres.

Enfin, pour beaucoup, la composition restera marginale dans la mesure où elle suppose un désir de créer, une volonté d'être actif. Or, la plupart des gens préféreront toujours rester passifs devant le spectacle du monde, accumulateurs d'objets, trouvant plaisir à admirer et à collectionner les créations des autres, à vivre par procuration la vie des stars sans chercher à le devenir ni avoir le désir de s'admirer eux-mêmes. Ceux-là n'auront pas su s'accepter comme médiocres, ni vaincre le pire ennemi de l'homme : la haine de soi.

Le retour des trouvères

La composition est refus du spectacle, refus de se taire, refus de se contenter de s'émerveiller, d'admirer. Elle est désir d'arrêter la répétition et la mort qu'elle implique, de chercher la vie non dans un avenir lointain, sacré ou matériel, mais dans la production de sa propre jouissance.

D'abord les auditeurs entendent se poser en imitateurs des artistes dont ils reçoivent le spectacle. Comme les premiers DJ de Jamaïque utilisaient des musiques de jazz américain pour y superposer leurs voix, le public veut devenir artiste, chanter ou jouer avec les orchestres. C'est pour commencer, aux États-Unis, Minus One : enregistrements où manque un instrument ou une voix afin que l'auditeur vienne se glisser dans la plus fameuse des interprétations d'une œuvre, et puisse, s'il est un amateur éclairé, devenir le soliste d'un concerto de Mozart dont les autres interprètes sont par exemple les musiciens de l'Orchestre philharmonique de Berlin sous la direction de Herbert von Karajan. Un peu plus tard, de façon infiniment plus populaire mais symétrique, apparaît au Japon, dans les années quatre-vingt, le *karaoké*, voie d'apprentissage de la culture occidentale par le mimétisme de ses variétés, en même temps que forme du plaisir de devenir un autre, un artiste, pour un bref instant, à la sortie des bureaux, avant de rejoindre la foule des anonymes entassés dans le métro.

Parallèlement, de nouveaux instruments viennent faciliter l'approche de la musique en permettant d'en faire sans avoir à consacrer à son apprentissage tout le temps exigé jusque-là. En 1957 se fixe la norme de transmission de données, la norme Midi, qui permet de véhiculer des notes, des valeurs, des codes et de les transmettre à l'intérieur d'un instrument et entre instruments. Le premier de ces « synthétiseurs », monstre aux mille tubes électroniques, apparaît dans les laboratoires de RCA au même moment. En 1959, dans les laboratoires de Bell, Max Matthews, créateur de Midi, met au point un premier système informatique de synthèse sonore, le Music 3, premier compilateur musical, premier programme destiné à écrire des programmes de musique. La même année est écrite la première œuvre entièrement réalisée avec des sons de synthèse : *Pitch Variations*, de New Guttman. Le premier synthétiseur commercial est conçu en 1964 par Robert Moog, puis vient en 1969 le Synthic AKS. Dix ans plus tard, l'Ircam produit la machine 4 X avec laquelle Boulez va enrichir la palette sonore de *Répons* en mettant des sons électroniques en relation avec des sons instrumentaux. Puis vient en 1982 le premier synthétiseur de masse, le DX7, produit par Yamaha à partir d'une invention d'un professeur de Stanford, Ray Chowning, qui permet de produire à bas coût une synthèse numérique de sons produits à partir d'un clavier. L'année suivante apparaissent les premiers « séquenceurs » grâce auxquels on peut enregistrer synthétiquement les notes jouées sur un clavier ; ils possèdent une mémoire très faible et seulement huit pistes. En 1985, le *sampler* introduit la composition de la musique par numérisation des sons réels et en les mêlant à des sons préenregistrés. En 1986 apparaissent les *home studios* d'Atari et

Amiga, et l'enregistrement direct de la musique sur disque dur. Ces instruments suppriment la distinction entre composition et improvisation en notant automatiquement en langage musical toute improvisation, en transformant les sons en notes et en éditant des partitions à partir de toute matière sonore. Plus besoin de connaître la musique pour en faire ; bientôt la machine l'écrit, l'arrange, la complète, l'organise selon les règles de la composition harmonique. Puis les progrès s'accélèrent : chaque nouveau synthétiseur recèle de plus en plus de mémoires, de séquenceurs, de capacités polyphoniques. Des logiciels arrangeurs — e Jay, Director Toys — ajoutent des thèmes d'accompagnement, d'autres encore répartissent les données en pistes, déplacent les notes une à une, changent de tempo sur un nombre illimité de pistes et de canaux. D'autres enfin, tel Reason, mêlent synthétiseur, mixer, sampler et boîte à rythmes en un même logiciel. La musique peut dès lors être créée par des gens qui ne l'ont pas apprise et qui utilisent tout le savoir accumulé par d'autres pour transformer des sensations personnelles, des rythmes intérieurs, des mélodies à peine esquissées ou empruntées en des compositions écrites sophistiquées, respectant les règles de l'harmonie et de l'arrangement.

Bientôt d'autres logiciels permettront à chacun de mêler pareillement des sons, des textes et des images, autorisant chacun à fondre les compositions des autres en un métissage d'œuvres, un copier/coller généralisé où plus personne ne reconnaîtra d'originaux, s'ils ont jamais existé. Puis apparaîtront ces « prothèses musicales », implantées dans le corps, pour jouir pleinement de sa propre musique, annonce de toutes les autres prothèses électroniques et génétiques.

Dans les pays riches se développe une pratique de masse de la musique sur instruments classiques aussi bien que sur ces instruments nouveaux. D'abord solitaire, elle devient vite une occasion de se retrouver avec ceux qui partagent la même pratique, la même passion. Occasion d'appartenir à des réseaux, de rencontrer les autres, de *faire avec* les autres. Quand Jack Lang lance, en 1981, la Fête de la musique, il s'agit non pas seulement de « faire la fête » en écoutant de la musique, mais, surtout, de trouver du plaisir à en faire et à se donner en spectacle, en amateur, sans crainte du ridicule. Aujourd'hui, la pratique de la musique n'est plus du tout marginale : elle concerne, dans les pays avancés, un quart des plus de quinze ans. En France, 15 millions de personnes l'ont apprise, et 10 millions en font plus ou moins régulièrement. Beaucoup de musiciens amateurs font du piano ; d'autres, nombreux, jouent de la guitare ou de l'accordéon ; d'autres encore chantent dans un groupe ou utilisent des synthétiseurs. Chorales, orchestres amateurs, harmonies municipales se développent. On vend chaque année dans le monde près de dix millions de guitares, et pour un milliard de dollars de partitions. On dénombre en France 50 000 groupes de rock amateurs qui ne cherchent pas, pour la plupart, à devenir professionnels. Pour l'essentiel, la pratique se limite à jouer les œuvres des autres. Mais, pour certains, en nombre croissant, il s'agit aussi d'improviser, de créer sa musique.

Ce nombre de pratiquants augmente vite : les adolescents d'aujourd'hui sont deux fois plus nombreux à faire de la musique que ceux des générations nées avant 1960. Les nouvelles technologies s'en mêlent et démultiplient les moyens d'en faire. Le Net permet aussi de nouvelles formes de pratique et de création musicales. Les instruments de musique sont les biens les plus vendus sur le Net ; cent mille sites amateurs proposent des partitions de guitare. Napster participe aussi de la composition autant que de la gratuité de l'échange en permettant de donner à d'autres des créations privées et pas uniquement des fichiers d'artistes connus. En donnant aussi la possibilité d'obtenir des commentaires, des modifications, des ajouts, des fusions. Échanges de musiques, dons et contre-dons. On joue ensemble « en ligne » au sein d'orchestres virtuels. On crée ensemble « en ligne » des œuvres ouvertes auxquelles chacun peut venir participer à sa guise ; des œuvres laissées à la discrétion de ceux qui veulent bien « en être ».

Composition, violence et sexualité

Parachevant la mutation, commencée avec l'instrument de musique et poursuivie avec la photographie, qui fait du consommateur un producteur trouvant sa satisfaction dans la fabrication de l'objet — et du travail son suprême plaisir —, la composition renvoie encore à la violence et à la mort, mais aussi à la sexualité et à la vie.

Composer, c'est d'abord commettre un meurtre et un sacrifice ; devenir sacrificateur et victime ; s'infliger du bruit, se faire mal pour jouir. La violence ne se canalise plus dans le bouc émissaire, ni dans le spectacle, ni dans un objet, mais s'investit dans la *création*. La composition place ainsi chacun en situation de devenir différent des autres par ses œuvres. Improviser se dit d'ailleurs, dans la langue du jazz, *to freak* (dévier) *freely*. Le *freak*, c'est aussi le monstre, le marginal. Improviser, c'est donc créer des différences, et, par là, cesser d'être rivaux et réduire la menace de violence. En cela, comme il en a été dans les trois ordres précédents, la composition est un mode possible de gestion de la violence.

Mais, au-delà, la composition renvoie à la vie par la sexualité. Dès le temps du rituel, la musique sous-entendait le sexe. Le paroxysme de la violence, l'alternance de répétitions et de dissonnances peuvent être entendus comme des métaphores ou des incitations à des pratiques érotiques. Les compagnons d'Ulysse craignent de mourir de plaisir en écoutant le chant des sirènes. Les duos de *Cosi fan tutte* ou de *Tristan et Isolde*, les rythmes du jazz expriment à l'évidence des pulsions sexuelles. « La musique, je suis presque capable d'en jouir », écrit Freud. Il faut pourtant attendre l'ère de la composition pour voir apparaître le premier trajet complet, explicite, assumé de la musique dans le plaisir du corps.

La composition est en effet d'abord cet « onanisme » dont se méfie tant Boulez. Plaisir solitaire, plaisir pour soi, de ne pas entendre ce que les autres entendent, de se contenter de ce dont son corps jouit. Jouer de la musique, c'est faire vibrer son corps avec son esprit ; c'est découvrir « quelque chose qui me laisse trouver, entre les mesures, mon propre rythme », écrit Stockhausen ; c'est unir la jouissance des mains caressant un clavier ou animant des cordes, à celle de l'esprit se dépassant dans sa propre création.

La composition est aussi un plaisir exhibitionniste : ceux qui la pratiquent pour eux-mêmes aiment en général à se donner en spectacle ; non pour en vivre, ni pour être considérés comme des artistes, mais pour faire vérifier et attester par les autres qu'ils sont vivants en leur livrant le spectacle de leur plaisir.

La musique est enfin un plaisir partagé. Faire de la musique, c'est aussi trouver son plaisir à faire plaisir, à accompagner, à danser, à faire jouir. La composition devient alors l'occasion d'une jouissance partagée entre le musicien et son auditoire pour faire naître quelque chose qui les dépasse l'un et l'autre. Quelque chose qui tient de la vie.

La nature de la musique change alors : celle qu'on aime à jouer, à improviser, à faire partager n'est pas nécessairement la même que celle qu'on aimait à entendre. Tout comme le livre lu n'est jamais qu'un sous-produit de ce que l'écrivain se donne à lui-même à penser, la musique entendue par un auditeur/spectateur n'est qu'un sous-produit de ce que le musicien se donne à entendre à lui-même. Ainsi, à partir de 1802, Beethoven lit-il les partitions de sa musique, qu'il n'entend plus, grosses de toutes les interprétations possibles, différant sans doute de toutes celles que ses interprètes ont données depuis.

D'autres styles de musiques surgiront, musiques pour soi, musique du don.

À la différence des sociétés anciennes — où le don ne gère la violence qu'à condition d'être réciproque, et de ne pas froisser l'autre par la valeur excessive d'un cadeau —, la composition s'ouvre à d'autres styles. Elle est l'occasion de créer pour le plaisir de donner, sans affirmer une quelconque toute-puissance, styles du don.

La composition devient alors aussi un moyen de durer dans la mémoire de l'autre, de laisser une trace, d'affirmer une présence au monde de l'au-delà de soi. Gage d'éternité.

L'UTOPIE DE LA COMPOSITION

Comme les trois ordres musicaux qui l'ont précédée, la composition annonce un système social qui dépasse le domaine de la musique : le plaisir de faire de la musique et de la donner gratuitement à entendre à d'autres esquisse une société où chacun se réaliserait dans la création et dans l'échange de créations. Où chacun apprendrait à se découvrir, à s'aimer soi-même pour trouver ensuite du plaisir à être découvert par l'autre puis à donner sans rien attendre en retour.

Au-delà de la musique, le plaisir de faire ouvre à une tout autre société : l'économie de la composition annonce celle du don.

La consommation du travail

La composition surgira en beaucoup d'autres domaines que la musique : partout où l'on peut trouver du plaisir à un travail sans autre fin que lui-même, à une improvisation sans projet, à une activité qui ne distingue plus produire et consommer, faire et user, se distraire et apprendre, improviser et composer ; à la fois production-consommation-distraction-formation, imprévisible avant sa fin. L'objet produit n'est plus le résultat du travail, mais le travail lui-même devenu acte libre, jouissance de l'être au lieu de jouissance par l'avoir, maîtrise de soi unifiant représentation et répétition.

On retrouve ainsi la composition dans tout travail d'où l'on peut tirer du plaisir, tout travail qui prend son sens en lui-même et non par l'argent qu'on y gagne : travail de création, de découverte, de don de soi, d'hospitalité, de relation, d'enseignement, d'assistance aux autres, bénévole ou rémunéré. On la retrouve aussi dans l'art de faire la cuisine, de composer un bouquet de fleurs, de jouer, de bricoler, de se dépasser par un sport ou un défi quelconque. Elle seule permet de répondre à la question apparemment la plus naïve, en réalité la plus difficile qui soit : « Qu'est-ce que vous faites de beau ? »

Rupture radicale avec le marché, la composition n'en ouvre pas moins aussi un marché pour vendre des instruments de composition ou des moyens de la simuler.

D'abord des moyens de composer : instruments de musique ou mêlant textes, images et sons ; outils de peinture, de sculpture, de jardinage, de cuisine, de sport, de voyage. Dès qu'il y a angoisse de ne pas être conforme à la norme, le marché pousse chacun à faire par soi-même tout ce qu'il peut pour vérifier sa conformité à la norme. Cela ouvre un champ immense à la récupération de la composition par le marché, pour vendre des outils d'auto-diagnostic, d'auto-traitement, d'auto-évaluation.

Se crée ensuite une demande de moyens de simuler une composition pour ceux qui ne se sentent ni le talent ni l'envie de créer. Ainsi, au-delà du karaoké, on vendra des moyens de se plonger dans un univers en « 3D » où l'on fera semblant de jouer de la musique, accompagné de clones virtuels de musiciens célèbres, devant des spectateurs virtuels. Paul Allen, l'un des fondateurs de Microsoft, a ainsi installé à Seattle un musée du rock à la gloire de Jimi Hendrix, où chacun peut venir jouer sur une scène virtuelle (emplive.com), devant un public virtuel en délire. On vendra un jour des moyens de se faire croire à soi-même qu'on est pour quelque chose dans la composition d'un tableau, d'une sculpture, d'un roman, de tout ce qu'il est possible de produire virtuellement. Naturellement, le leurre s'arrêtera aux frontières du réel et on ne pourra acheter les moyens d'obtenir virtuellement un diplôme en bonne et due forme ni ceux de devenir créateur de composition réellement originales, ni ceux d'être réellement célèbre ou en bonne santé : *Le capitalisme de la composition est un marché de dupes volontaires.*

Une telle disparition des frontières entre tous les concepts du réel, et entre le réel et le virtuel, peut déboucher sur de grands désordres psychologiques. Qui canalise la violence quand chacun peut la vivre virtuellement ? Comment gérer la mort si chacun peut s'installer dans la pseudo-éternité d'une vie virtuelle ?

L'échange de compositions : fraternités

La composition n'est pas que juxtaposition de solitudes. Elle est aussi occasion de mise en réseaux, d'échanges, de plaisir trouvé à créer ensemble des savoirs, des œuvres d'art, des films, des musiques, des tableaux, des projets de toute nature. Elle devient alors relation entre les créateurs par leurs œuvres, l'occasion d'échanger des créations, d'entendre les bruits des autres en échange des siens, de trouver son bonheur dans celui prodigué à d'autres. Elle est aussi dans le plaisir de faire quelque chose d'objectivement utile à l'humanité. À côté d'activités de composition purement solitaires se développeront donc surtout celles qui relieront le plaisir du faire à celui du recevoir. Dont la forme archétypale est la maternité : faire pour donner à recevoir. En cela la composition apparaît évidemment comme une utopie à la fois très concrète, parce que féminine, et très abstraite, parce que ne prenant son sens que comme achèvement culturel du marché. Encore faut-il que chacun veuille et puisse créer, que la société fournisse à chacun les moyens d'exprimer ce qu'il peut avoir de créatif, de particulier, d'unique.

Elle ouvre sur une bouleversante conception de la société, ouverte, instable, où le travail ne vise plus l'accumulation, où l'objet n'est plus stockage de manques, où les plaisirs se donnent à partager, où les rythmes, les styles et les règles se réinventent à l'infini.

Elle est la seule utopie qui ne soit pas le masque du pessimisme, le seul Carnaval qui ne soit pas une ruse de Carême.

***

En arrière-plan du *Combat de Carnaval et de Carême*, cinq personnages dansent une ronde. Chantent-ils ? Un instrument les accompagne-t-il ? Bruegel veut-il signifier par là qu'il croit en l'avènement prochain d'un monde de fraternité : celui de l'après-pénitence, de l'après-silence ? Ou, au contraire, enregistre-t-il, dans un coin de son œuvre, les ultimes feux d'artifice d'une société du leurre, l'arrière-garde du Carnaval païen au moment même où le Carême capitaliste vient le supplanter sur le devant de la scène ?

L'un et l'autre, sans doute : interpénétrant les champs, mêlant passés et avenirs, le peintre veut nous faire comprendre que tout reste possible. Et, par son message ironiquement codé, nous faire espérer en l'inéluctable victoire de la transcendance et de la beauté, de l'aléatoire et de l'inachevé.

BIBLIOGRAPHIE

ADORNO T.W., *Philosophie de la nouvelle musique*, Paris, Gallimard, 1962.

—, *Dissonanzen*, Göttingen.

—, *Soziologische Exkurse*, Francfort, Inst. F. Sozialforschung, 1956.

—, *Schweizer Monatshefte*, novembre 1958.

—, *De Vienne à Francfort. La Querelle allemande des sciences sociales*, Bruxelles, Complexe, 1979.

L'ARCHE, Travaux 17, *Musique de cinéma*, 1972.

ATLAN H., *Organisation en niveau hiérarchique et information dans les systèmes vivants*, Paris, ENSTA, 1975.

ATTALI J., *Fraternités*, Fayard, 1999.

—, *Dictionnaire du XXIe siècle*, Fayard, 1998.

—, *1492*, Fayard, 1991.

—, *Lignes d'horizon*, Fayard, 1990.

—, *Au propre et au figuré*, Fayard, 1988.

—, *La Figure de Fraser*, Fayard, 1984.

—, *Histoire du Temps*, Fayard, 1982.

—, *Les Trois Mondes*, Fayard, 1981.

—, *L'ordre cannibale. Essai sur l'économie politique de la médecine*, Grasset, 1979.

—, *La Parole et l'Outil*, PUF, 1976.

AUDINET G., *Les Conflits du disque et la radiodiffusion en droit privé*, Les Presses modernes, Sirey, 1938.

BARBROOK R., *Media Freedom : the contradictions of communications in the age of modernity*, Londres, Pluto, 1995.
BARBROOK R. et CAMERON A., « The Californian Ideology », *Science as Culture*, n° 26, vol. 6, 1re partie, 1996.
BARTHES R., « Musica Practica », *Arc*, n° 40, 1969.
—, « Le grain de la voix », *Musique en jeu*, n° 9, 1972.
BARTLET M., « The New Repertory at the Opera during the Reign of Terror : Revolutionary Rhetoric and Operatic Consequences », dans *Music and the French Revolution*, M. Boyd éd., Cambridge, Cambridge University Press, 1992.
BAUDRILLARD J., *L'Échange symbolique et la mort*, Gallimard, NRF, 1976.
—, *La Société de consommation*, Paris, Denoël/Folio Essais, 1970.
BAUMOL W.J. et BOWEN W.G., *Performings Arts : The Economic Dilemna*, Cambridge (Massachusetts), MIT Press, 1968.
BAZIN H., *La Culture hip hop*, Paris, Desclée de Brouwer, 1995.
BÉAUD P. et WILLENER, *Musique et vie quotidienne. Essai de sociologie d'une nouvelle culture*, Paris, Mame, 1973.
BELVIANES M., *Sociologie de la musique*, Paris, Payot, 1950.
BENJAMIN W., *Œuvres* III, coll. « Folio-Essais », 2000.
BENSON J.K., *The Interorganizational Network as a Political Economy*, Toronto, Research Committee on organisations, ISA, août 1974.
BERGER D. et PETERSON R., « Entrepreneurship in organizations : evidence from the popular music industry », *Adm. Sc. Quart.*, 1971.
BERLIN I., « Two concepts of liberty », dans *Four Essays on Liberty*, Oxford, Oxford University Press, 1969.
BERLIOZ H., *Le Chef d'orchestre, théorie de son art*, Imprimerie J. Clay, 1856.
BERTHOUD A., *Travail productif et productivité du travail chez Marx*, Maspero, « Économie et socialisme », 1974.
BLOCH E., « Le comte Mirabeau », dans *Traces*, Gallimard, 1968.
BOLLECKER L.C., « Radiodiffuser c'est éditer », *Revue internationale de la radioélectricité »*, n° 43, 1935.
BOULEZ P., *Penser la musique aujourd'hui*, Paris, Gonthier, 1964.
BOURDIEU P., « Le champ économique », *Actes de la recherche en sciences sociales*, 119, 1997.

—, *Les Règles de l'art*, Paris, Le Seuil, 1992.

—, *La Distinction*, Paris, Éditions de Minuit, 1979.

BOURDIEU P. et PASSERON J.-C., *La Reproduction*, Paris, Éditions de Minuit, 1970.

BREGMAN A.S., *Auditory Scene Analysis : the Perceptual Organization of Sound*, Cambridge (Mass.), MIT Press, 1990.

BRIGGS G.A., *Reproduction sonore à haute fidélité*, Paris, Société des Éditions Radio, 1958.

BROWN A.R., *The Andaman Islanders*, 1922.

BROWN E., *Musique en jeu*, n° 3, juin 1971.

BURNEY C., *The Present State of Music in France and Italy, or The Journal of a Tour Through Those Countries Undertaken to Collect Material for a General History of Music*, Londres, T. Becket éd., 1771.

CAEN E., *Le Phonographe dans ses rapports avec le droit d'auteur*, L. Larose et L. Tenin éd., 1910.

CAGE J., *VH 101, Silence*, n° 4, hiver 1970-1971.

CANDÉ (de) R., *Histoire universelle de la musique*, 2 vol., Paris, Le Seuil, 1978.

—, *Nouveau dictionnaire de la musique*, Paris, Le Seuil, 2000.

CANTAGREL G., *Bach en son temps*, Fayard, 1997.

CARLES et COMOLLI, *Free Jazz et Black Power*, Champ libre, 1974.

CARLSON M., *The Theatre of the French Revolution*, Ithaca, Cornell University Press, 1991.

CASTANEDA C., *L'Herbe du diable et la petite fumée*, Soleil noir, 1972.

CASTANET P. A., « L'arme du silence : du rituel puis du structurel », Rouen/Tours, *Les Cahiers du Cirem*, nos 32-34, 1994.

CASTELAIN R., *Histoire de l'édition musicale (1501-1793), ou Du droit d'éditer au droit d'auteur*, Lemoine, 1957.

CASTELLS M., *The Rise of the Network Society*, Oxford, Blackwell, 1996.

CENSOR G. F. S., *Véridique rapport sur les dernières chances du capitalisme en Italie*, Champ libre, 1976.

CHANTAVOINE J., *Liszt*, Paris, Plon, « Amour de la musique », 1950.

CHARLES D., « Présentation », *Musique en jeu*, n° 7, juin 1972.

CHARLTON D., *Grétry and the Growth of Opéra-Comique*, Cambridge, Cambridge University Press, 1986.

CHAVANNES E., *Mémoires historiques de « Sen T'sien »*, Leroux, 1895.

CHEPFER G., « La chansonnette et la musique au café-concert », dans *Cinquante ans de musique française*, t. 2, éditions musicales de la Librairie de France, 1925.

CLEMENTI, Lettre de MUZIO (cité dans *Letters of Composers, op. cit.*, p. 65).

CŒUROY A., *Histoire générale du jazz, Street hot swing*, Denoël, 1942.

COIRAULT P., *Formation de nos chansons folkloriques* (publié avec le concours du CNRS), 3 vol., Éditions du Scarabée, 1959.

CONSTANT D., *Jazz Magazine*, février 1973.

COTELLE A. (éd.), *La Clé du caveau*, recueil de chansons, 1812.

COULONGES G., *La Chanson en son temps. De Béranger au juke-box*, Éditeurs français réunis, 1969.

CURTIS M., *Bizet et son temps*, La Palatine, 1961.

DAUFOUY P. et SARTON J.-P., *Pop-music/Rock*, Champ libre, 1972.

DAVID H. et MENDEL A., *The Bach Reader*, New York, W.W. Norton.

DEFERT A., *Brochure pour le TCF contre le bruit*, Imprimerie Lang, 1930.

DELEUZE G. et GUATTARI F., *Rhyzome*, Paris, Éditions de Minuit, 1976.

DENISSOFF R.S., « Protest Movements : Class Consciousness and the Propaganda Songs », *Soc. Quart.*, 1968.

—, « Folk music and the American left », *Brit. Journ. of Soc.*, 20, 4, déc. 1968, p. 427-442.

DENISSOFF R.S. et PETERSON R.A., *The Sounds of Social Change*, Chicago, Rand McNally, 1972.

DENIZEAU G., *Les Genres musicaux*, Larousse, 2000.

DERRIDA J., *De la grammatologie critique*, Paris, Éditions de Minuit, 1967.

DIMAGGIO P., *The Invention of High Culture*, Princeton University Press, 1990.

DODGE C. et JERSET A., *Computer Music : Synthesis, Composition and Performance*, New York, Scirmer Books, 1985.
DUBOIS J. (abbé), *Mœurs, institutions et cérémonials des peuples de l'Inde*, Paris, 1825.
DUFOURT H. et FAUQUET J.-M., « Matériau, esthétique et perception », Mardaga, *La Musique depuis 1945*.
DUMÉZIL G., *Mythe et Épopée*, Paris, Gallimard, NRF, 1968.
DURAND J., *Abrégé historique et technique de l'édition musicale*, Durand & Cie, 1924.
DYSON E., *Release 2.0 : a Design for Living in the Digital Age*, Londres, Viking, 1997.

ELIAS N., *Mozart, sociologie d'un génie*, Seuil, 1991.
ESCAL F., *Espaces sociaux, espaces musicaux*, Paris, Payot, 1979.
ETZKORN K.P., « On music, social structure and sociology », *Int. Rev. of Soc. of Music*, vol. 5, 1974.

FAURE M., *Musique et société, du Second Empire aux années vingt*, Paris, Flammarion, 1985.
FÉTIS E., « De la musique des rues », *La Revue musicale*, 1835.
FLETCHER C., *New Society and the Pop Process*, Londres.
FOUCAULT M., *Les Mots et les Choses*, Gallimard, NRF, 1971.

GEIRINGER K., *Haydn*, Mayence, B. Schott's Söhne, 1959.
GENLIS (de) S., *Les Soupers de la maréchale de Luxembourg*, Paris, 1828.
GERLEND E., *Leibnizens nachgelassene Schriften, psykalischen, machenischen und technischen*, publié par Y. Belaval, NRF, octobre 1958.
GILLETT C., *The Sound of the City Outerbridge and Diensthrey*, New York, 1970.
GIRARD R., *La Violence et le Sacré*, Paris, Grasset, 1972.
GLASS P., *VH 101*, n° 4, 1970.
GOLDBECK F., *Le Parfait Chef d'orchestre*, Paris, PUF, 1951.

GOLEA A., *La Musique dans la société européenne depuis le Moyen Âge jusqu'à nos jours*, Bibliothèque de l'Homme d'action, 1960.
GOURRET J., *Ces hommes qui ont fait l'opéra*, Paris, Albatros, 1984.
GREEN A.-M., *Musique et sociologie*, Paris, L'Harmattan, 2000.
—, *De la musique en sociologie*, coll. « psychologie et pédagogie de la musique », 21, Issy-les-Moulineaux, EAP, 1993.
—, *Des jeunes et des musiques : rock, rap, techno*, Paris, L'Harmattan, 1997.

HAGERS S., *Hip Hop*, New York, St Martin's Press, 1984.
HARPER B., *Jazz Magazine*, septembre 1973.
HATCH D.J. et WATSON D.R., « Hearing the blues », *Acta Sociologica*, 17, 2, 1974.
HEILBUT A., « Exiled in Paradise », *Canadian Journal of Experimental Psychology*, vol. 51, n° 4, décembre 1997.
HERMANN-SABBE, *La Musique et l'Occident*, Mardaga, 1998.
HERISSAY J., *Le Monde des théâtres pendant la Révolution*, Perrin et Cie, 1912.
HONNEGER M., *Dictionnaire des sciences de la musique*, Paris, Bordas, 1976.
HOPKINS J., *The Lizard King*, Coller Books, 1993.

JAMEUX D., « Jeux de maux », *Musique en jeu*, n° 9, nov. 1972.
JAY M., *L'Imagination dialectique*, Payot, 1989.
—, *Adorno*, Harvard University Press, 1984.
JDANOV A. A., *Sur la littérature, la philosophie et la musique*, 1950.

KALKOWSKI P., *Adorno's Erfahrung*, Berne, Lang, 1987.
KARLINSKY B., « Le rock russe en mal de dissidence », *Libération*, 27 mars 1990.
KROM G., *La Grande Chanson populaire américaine*, 1999, non publié.

LACY D., « The Economics of Publishing, or Adam Smith and Litterature », *Daedalus*, hiver 1963.

LAGREE J.-C., *Les jeunes chantent leurs cultures*, Paris, L'Harmattan, 1982.

LAPASSADE G. et ROUSSELOT P., *Le Rap ou la fureur de dire*, Loris Talmart, 1990.

LASSUS B., *Les Habitants paysagistes*, étude non publiée.

LAVIGNAC A. et LAURENCIE (de La) L., *Encyclopédie de la musique et dictionnaire du conservatoire*, Delagrave, 1921-1931, 11 vol.

LEE MARTIN A. et SCHLAIN B., *LSD et CIA*, Éditions du Lézard, 1994.

LENTIN J.-P., notes non publiées, 1975.

LESSIG L., *Code : and other laws of cyberspace*, New York, Basic Books, 1999.

LESURE F., « Musicologie et sociologie », *Revue musicale*, n° 221, 1953.

LEUSSE (de) R., *L'Auteur et la Radiodiffusion*, 1934.

LÉVI-STRAUSS C., *Le Cru et le Cuit*, Paris, Plon, « Mythologiques », 1964.

—, *L'Homme nu*, Plon, « Mythologiques », 1971.

LIBERMAN R., *Actes et entractes*, Paris, Stock, 1976.

Li Ki ou Mémoires sur les bienséances et les cérémonies, traduit et édité en 1899.

LOMAX A., « Song structure and social structure », dans Albrecht, Barnett et Griff (éd.), *The Sociology of Art and Literature : a Reader*, Londres, Duckworth, 1970.

LYOTARD J.-F., « A few words to sing », sequenz a III, *Musique en jeu*, n° 2 (mars 1972), en collaboration avec Dominique Auroci ; repris dans *Dérive à partir de Marx et Freud*, « 10/18 », 1973.

MABEY R., *The Pop Process*, Londres, Hutchinson Educational, 1970.

MCADAMS S., *Penser les sons : psychologie cognitive de l'audition*, Paris, PUF, 1994.

MCLUHAN M., *Understanding Media*, New York, McGrahill Book Company, 1964.

MAFFESSOLI M., *La Contemplation du monde - Figures du style communautaire*, Paris, Grasset, 1993.

MALSON L., *Histoire du jazz et de la musique afro-américaine*, Paris, Seuil, 1994.

MARMONTEL J.-F., article « Épître dédicatoire » de l'*Encyclopédie.*

MARTORELLA R., *The Sociology of Opera*, New York, Praeger, 1982.

MARX K., *Œuvres*, 2 tomes, Paris, Gallimard, « La Pléiade », 1968.

—, *Théories sur la plus-value*, Paris, Éditions Sociales, 1975.

MASSIN J. et B., *Mozart*, Fayard, 1971.

MATHEWS M.V., *The Technology of Computer Music*, Cambridge (Mass.), MIT Press, 1969.

—, *Current Directions in Computer Music Research*, Cambridge (Mass.), MIT Press, 1989.

MAY C., *A Global Political Economy of Intellectual Property Rights : the New Enclosures?*, Londres, Routledge, 2000.

MERRIAM A.P., « Music in American culture », *American Anthropologist*, 57, 6, 1959.

MEYER Leonard B., *Emotions and Meaning in Music*, Chicago et Londres, University of Chicago Press, 1956.

MONTESQUIEU C.L., *Œuvres complètes*, Paris, Le Seuil, coll. « L'Intégrale », 1964.

MORIN E., *Journal de Californie*, Paris, Le Seuil/Points, 1970.

MORRIS R. L., *Le Jazz et les Gangsters 1881-1940*, éd. fr. Abbeville, Paris, 1997.

MOZART, *Correspondance.*

MYRDAL G., *An American Dilemna*, New York, Harper and Brothers.

NETTL B., *Eight Urban Musical Cultures*, Urbana, Chicago, Londres, University of Illinois Press, 1978.

NIETZSCHE F., *La Naissance de la tragédie*, Paris, Gonthier, 1964.

OZOUF M., « Festivals and the French Revolution », Cambridge, Harvard University Press, 1988.

PAINE T., *Rights of Man*, Londres, Penguin, 1969.

PASHUKANIS E., *Law and Marxism : a General Theory*, Londres, Ink Links, 1978.

PETERSON R. et BERGER D., « Entrepreneurship in Organizations : Evidence From The Popular Music Industry », *Administrative Science Quarterly*, Cornell University, 16 mars 1971, p. 99-107.

—, « Three eras in the manufacture of popular lyrics », dans *Sounds of Social Change*, New York, R.S. Denisoff (éd.), Rand Mac Nally, 1972.

PETERSON R. A., « La fabrication de l'authenticité ; la country music », *Actes de la recherche en sciences sociales*, 93, Paris, juin 1992.

PIERCE J.R., *Le Son musical*, Berlin, Paris, Pour la Science, 1984.

PIERRE C., *Le Conservatoire national de musique et de déclamation*, Documents historiques et administratifs, 1900.

PINCHERLE M., *Le Monde des virtuoses*, Paris, Flammarion, 1900.

PLACE (de) A., *La Vie musicale en France au temps de la Révolution*, Paris, Fayard, 1989.

PLATON, *La République*, Paris, Garnier-Flammarion, 1966.

POUILLET E., *Traité théorique et pratique de la propriété littéraire et artistique et du droit de représentation*, 1894.

PROD'HOMME J.-G., *Écrits de musiciens*, Paris, Mercure de France, 1912.

REBATET L., *Une histoire de la musique*, Robert Laffont « Bouquins », 1979.

Règlement de l'Institut national de musique (extrait), Argumentaire de Gossec et autres (Arch. nationales, A XVIIIe, 384), 1793.

REINACH T., député, rapport n° 3156 du 1er mars 1910 sur une proposition de loi relative à la protection des auteurs en matière de reproduction des œuvres d'art, *Revue musicale*, 1920.

REY A., *Erik Satie*, Paris, Le Seuil, 1974.

RIFKIN J., *L'Âge de l'accès, la révolution de la nouvelle économie*, Paris, La Découverte, 2000.

ROADS C. (éd.), *The Computer Music Tutorial*, Cambridge (Mass.), MIT Press., 1996.

ROHIZINSKI L. (dir.), *Cinquante ans de musique française (1875-1925)*, Éditions musicales de la Librairie de France, 1925.

ROMAN R., « Le système auditif central : anatomie et physiologie », Inserm, 1993.

ROUSSEAU J.-J., *Essai sur l'origine des langues. Essai sur l'inégalité. Dictionnaire de musique*, dans *Œuvres complètes*, Paris, Gallimard, « La Pléiade », 1962.

RUSSOLO L., *Manifesto dei rumori. Arte dei rumori* ou *L'art des bruits, manifeste futuriste*, Richard-Messe, 1954.

SALAS H., *Le Tango*, Paris, Actes Sud, 1989.

SAUSSURE (de) F., *Cours de linguistique générale*, Paris, Payot, 1955.

SCHAEFFER P., *À la recherche d'une musique concrète*, Paris, Le Seuil, 1952.

—, *La Musique concrète*, PUF, « Que sais-je ? », 1973.

—, *Traité des objets musicaux*, Paris, Le Seuil, 1966.

—, *De l'expérience musicale à l'expérience humaine*, Richard Masse, 1971.

—, « Musique concrète électronique exotique », *Revue musicale*, n° 224, 1959.

SCOLA POOL (de) I., *Technologies of Freedom*, Harvard, Belknap Press, 1983.

SCRIABINE M., *Le Langage musical*, Paris, Éditions de Minuit, 1963.

SERRES M., *Esthétique sur Carpaccio*, Herman, 1975.

—, « Don Juan ou le Palais des Merveilles », *Les Études philosophiques*, n° 3, 1966, p. 389.

SFEZ L., *Critique de la décision*, Paris, Armand Colin, 1976.

SHAKESPEARE W., *Troïlus et Cressida*, Paris, Aubier-Flammarion, 1969.

SILBERMANN A., *Introduction à la sociologie de la musique*, Paris, PUF, 1955.

SLOBODA J.A., *The Musical Mind : the Cognitive Psychology of Music*, Oxford, Clarendon Press, 1985.

STEGE F., *La Situation actuelle de la musique allemande*, 1938.

STOCKHAUSEN K., « Déclaration », *VH 101*, n° 4, hiver 1970-1971.

« Stockhausen », *VH 101*, hiver 1970-1971.

STOURDZÉ Y., note de recherche publiée à l'IRIS, 1976.

STRAWN J., *Foundation of Computer Music*, Cambridge (Mass.), MIT Press, 1979.

STRUNK O., *Source Readings in Music History*, New York, W.W. Norton (s.d.).
SUDRE F., *La Téléphonie musicale*, Tours, 1866.
—, *La Langue musicale universelle* (inventée par également l'inventeur de la téléphonie musicale), 1866, 1 vol. in-12, contenant *Le Vocabulaire de la langue musicale* (imprimé à Tours), cité dans *Merveilles de la Science*, Louis Piguier, t. II, chap. 15, Jouvet, 1868.
SUN TS'IEN, *Mémoires historiques*, traduit et annoté par E. Chavannas, Leroux, 1895.

TAMBA A., *La Théorie et l'esthétique musicales japonaises*, Paris, Publications orientalistes de France, 1988.
The Computer and Music, Harry B. Lincoln (éd.), Ithaca, New York, Cornell University Press, 1979.
The Music Machine, Curtis Roads (éd.), Cambridge (Mass.), The MIT Press, 1989.
THORNTON J., *Jazz Magazine*, février 1973.
TIERSOT J., *Lettres de musiciens écrites en français du XVe au XVIIIe siècle*, Turin, Bocca Frères, 1924.
TOURNIER J.L., directeur général de la SACEM, rapport du XXXe congrès de la CISAC, 27 septembre 1976.
TURNER V., *Le Phénomène rituel : structures et contre-structures*, Paris, PUF, 1990.

VAUNOIS A., *Condition et droits d'auteur des artistes jusqu'à la Révolution*, Paris, Chevalier-Marescq, 1892.
VIGELAND C. A., *In Concert, onstage and offstage with the Boston Symphony Orchestra*, New York, Morrow, 1989.
VIGNAL M., *Hadyn*, Fayard, 1988.

WAGNER R., *L'Art et la Révolution (1848)*, t. III des œuvres en prose traduites par J.-G. Prod'homme, Paris, Delagrave, 1914.
—, « Du métier de virtuose », *Revue et gazette musicale*, 18 octobre 1840.

WALTER B., *Œuvres III*, Folio essais, 2000.
WEBER M., *Social and Rational Foundations of Music*, Southean Illinois University Press, 1958.
—, *L'Éthique protestante et l'esprit du capitalisme*, Paris, Plon, 1967.
—, *Sociologie des religions*, Paris, Gallimard, « Bibliothèque des sciences humaines », 1992.
WILLENER A., *Pour une sociologie de l'interprétation musicale. Le concerto pour trompette de Haydn*, Payot, 1990.
—, *La Pyramide symphonique*, Zurich, Seismo, 1977.
—, *Les Instrumentistes d'orchestre symphonique*, Paris, L'Harmattan, 1997.

XENAKIS I., *Musique et architecture*, Paris, Casterman, 1971.

ZAHAN D., *La Dialectique du verbe chez les Bambaras*, Paris, Mouton & Cie, 1963.
ZWEIG S., *Le Monde d'hier*, Paris, Albin Michel, 1948.

INDEX

C

H

I

J

K

N

O

P

Q

R

S

T

U

V

W

X

Y

Z

TABLE

4

RÉPÉTER

5

COMPOSER

Achevé de composer par
PARIS PHOTOCOMPOSITION
75017 Paris

Impression réalisée sur CAMERON par

BRODARD & TAUPIN
GROUPE CPI

La Flèche

pour le compte des Éditions Fayard
en avril 2001

Imprimé en France
Dépôt légal : mai 2001
N° d'édition : 10087 – N° d'impression : 7294
ISBN : 2-213-60950-0
35-57-1150-8/01